PANINI BOOKS

FIVE NIGHTS AT FREDDY'S von Scott Cawthon

Romane

Band 1: Die silbernen Augen
ISBN 978-3-8332-3519-1

Band 2: Durchgeknallt
ISBN 978-3-8332-3616-7

Band 3: Der vierte Schrank
ISBN 978-3-8332-3781-2

Band 4: Fazbear Frights 1 – In die Grube
ISBN 978-3-8332-3948-9

Band 5: Fazbear Frights 2 – Fass!
ISBN 978-3-8332-4020-1

Band 6: Fazbear Frights 3 – 1:35 AM
ISBN 978-3-8332-4021-8

Comics

Graphic Novel 1: Die silbernen Augen
ISBN 978-3-7416-2001-0

Nähere Infos und weitere spannende Romane unter www.paninibooks.de

NOCH EIN SCHRITT

Von Scott Cawthon, Andrea Waggener,
Elley Cooper & Kelly Parra

Ins Deutsche übertragen von
Anke Bondy

Bibliografische Information der Deutschen Nationalbibliothek
Die Deutsche Nationalbibliothek verzeichnet diese Publikation in der Deutschen Nationalbibliografie; detaillierte bibliografische Daten sind im Internet über http://dnb.d-nb.de abrufbar.

Amerikanische Originalausgabe: »Five Nights at Freddy's: Fazbear Frights #4 – Step Closer« by Scott Cawthon, Elley Cooper, Kelly Parra and Andrea Waggener published in the US by Scholastic Inc., New York, 2020.

Deutsche Ausgabe: Panini Verlags GmbH,
Schlossstr. 76, 70176 Stuttgart.

Geschäftsführer: Hermann Paul
Head of Editorial: Jo Löffler
Head of Marketing: Holger Wiest (email: marketing@panini.de)
Presse & PR: Steffen Volkmer

Übersetzung: Anke Bondy
Lektorat: Tom Grimm
Umschlaggestaltung: tab indivisuell, Stuttgart
Satz: Greiner & Reichel, Köln
Druck: CPI Books GmbH, Ulm

YDFIVE007

ISBN 978-3-8332-4087-4
2. Auflage, Dezember 2024

Auch als E-Book erhältlich:
ISBN 978-3-7367-9856-4

Findet uns im Netz:
www.paninicomics.de

PaniniComicsDE

INHALT

NOCH EIN SCHRITT

Foxys gelbe Augen glühten in der Dunkelheit. Sein Maul stand offen, die scharfen Zähne blitzten. Foxy hob seinen Haken und ließ ihn vor Petes Gesicht niederfahren, die gefährliche Spitze zischte direkt an seiner Nase vorbei. Pete rollte sich vom Bett. Er zitterte am ganzen Körper. Sein Magen verkrampfte sich, während er hilflos am Boden lag und Foxy neben ihm aufragte. Servomotoren jaulten, als Foxy erneut mit dem scharfen Haken ausholte.

„Du kannst ein Pirat werden, aber zuerst musst du ein Auge und eine Hand verlieren."

„Nein!", keuchte Pete.

Als Foxy seinen Haken in Petes Auge schlug, ertönte ein deutlich hörbarer Knall. Blut strömte aus Petes Augenhöhle, und er schrie …

Freddy Fazbear's Pizzeria war voller verrückter kleiner Kinder und ihren übergriffigen, blöden Eltern. Musik dröhnte aus den Wandlautsprechern, und Arcade-Spiele klingelten und hupten. Der Geruch von verbrannter Pfeffersalami wehte durch die Luft, gemischt mit dem süßen Duft von Zuckerwatte. Pete saß gegen eine Wand gelehnt, die Füße überkreuzt. Auf dem Kopf trug er eine Baseballmütze, die er sich verkehrt herum aufgesetzt hatte, und trank eine Kirsch-Cola. Sein Kaugummi schmeckte nach Wassermelone. Chuck, sein kleiner Bruder, und dessen Freunde drängten sich um ein Arcade-Spiel.

Pete wollte eigentlich überhaupt nicht dort sein, aber seine Mutter musste arbeiten, und Chuck hatte nach der Schule unbedingt wieder zu seinen Freunden gewollt. Also blieb Pete nichts anderes übrig, als den Babysitter zu spielen. Zum hundertsten Mal fragte er sich, warum dieser Job immer an *ihm* hängen blieb. Und war ihm der kleine Rotzlöffel wenigstens dankbar?

Nö.

Chuck jammerte ständig wegen seines Inhalators. Er jammerte, weil er Hunger hatte. Und andauernd stellte er alle möglichen Fragen. Seit ihr Vater die Familie verlassen hatte, wurde Pete alles, was mit Chuck zu tun hatte, gnadenlos aufgebürdet.

Wie sollte Pete mit seinen sechzehn Jahren der Mann in der Familie sein? Hatte ihn jemand gefragt, was er von seinen neuen Verantwortlichkeiten hielt?

Ganz sicher nicht.

Pete beobachtete ein kleines Kind, das auf ein paar der Mitarbeiter zuging, die nach einer Geburtstagsfeier die Tische abräumten. Einen der Männer zupfte der kleine Junge am Ärmel. Der Angestellte blickte auf das Kind hinab und lächelte. „Kann ich dir irgendwie helfen?“, erkundigte er sich.

„Wo ist Foxy der Pirat?“, antwortete der Junge.

Die Stimme des Mannes troff geradezu vor Süße. „Oh, Foxy ist im Moment im Urlaub. Wir hoffen, dass er bald zurückkommt."

Der kleine Junge schob die Unterlippe vor, nickte aber und ging davon.

Der andere Mitarbeiter gluckste. „Der war gut", sagte er zu seinem Kollegen.

„Ja, auf Urlaub in der Werkstatt. Ich weiß nicht, wann sie die Show wieder rausbringen."

Pete dachte noch darüber nach, da hörte er, wie jemand seinen Namen sagte. „Pete?"

Er blickte auf und erkannte Maria Rodriguez, die auf einmal neben ihm stand. Ihr schwarzes Haar umspielte ihre Schultern, und ihre Lippen glänzten rot. Sie hatte hellgrüne Augen mit langen Wimpern und ein paar Sommersprossen auf der Nase. Sie war Cheerleaderin an der Highschool, und er kannte sie seit der sechsten Klasse. Warum also fühlte er sich plötzlich so unwohl in ihrer Nähe?

„Hey Maria", sagte er.

„Hängst du hier mit dem kleinen Chuckie fest?"

Pete machte ein finsteres Gesicht. „Ja."

„Mir geht es nicht anders. Der Geburtstag meiner kleinen Schwester." Maria deutete auf einen geschmückten Tisch vor der Bühne, an dem kleine Kinder mit Zipfelmützen saßen und Kuchen folterten. „Unglaublich, dass wir auch mal so waren wie die."

Er grinste. „Ich weiß nicht, wie es bei dir war, aber ich war nie so."

Maria lächelte. „Nee, klar. Und? Wo warst du? Ich habe dich in letzter Zeit nicht beim Training gesehen."

Er war wegen unnötiger Härte und schlechtem Betragen mehrfach vom Football ausgeschlossen worden. Hallo? Immerhin ging es um Football! Irgendwann hatte er ganz aufgehört zu spielen. Die Wahrheit jedoch war, dass Pete eigentlich niemals aufgab. Bisher hatte er immer zu Ende gebracht, was er anfing. Aber nachdem er gesehen hatte, wie seine Eltern sich gegenseitig aufgaben, war es für ihn auf einmal nicht mehr so wichtig gewesen, irgendetwas zu beenden. Außerdem brauchte er nicht noch mehr Probleme in seinem Leben, auch nicht mit seinem Coach – davon hatte er schon genug durch seine Lehrer und seine Mutter. Auch bei einem Kind läuft bei zu viel Gemeckere irgendwann das Fass über.

Er zuckte mit den Schultern. „Ich hatte das alles satt, weißt du?"

„Ja, ich denke schon. Und was wirst du jetzt mit deiner ganzen freien Zeit machen?"

„Also …"

Jemand winkte Maria vom Partytisch zu, und ihr Gesicht leuchtete auf. „Ja! Wir können endlich aufbrechen." Bevor sie ging, fügte sie noch hinzu: „Hey, ein paar von uns treffen sich unter der alten Beacon Bridge, falls du später auch noch vorbeikommen willst …"

Pete lächelte. „Ja?"

Sie nickte. „Das wird cool."

Dann schüttelte er den Kopf. „Ich kann nicht. Ich muss auf Chuck aufpassen, den kleinen Dummkopf."

„Oh, okay. Vielleicht das nächste Mal. Wir sehen uns in der Schule."

Pete spürte, wie er ärgerlich wurde, als er Maria nachsah. Das war alles Chucks Schuld. Kleiner Mistkerl. Alles drehte sich nur um seinen jüngeren Bruder. Es war egal, was Pete gern wollte, denn wenn es einmal um Pete ging, spielte absolut *nichts* eine Rolle. Sein Vater war weg. Seine Mutter lebte in ihrer eigenen kleinen Welt. Sie dachten wohl, sie könnten die Verantwortung für Chuck einfach Pete übergeben, weil sie selbst keine Zeit hatten, sich um ihn zu kümmern. Aber Pete hatte nie darum gebeten. Er war ein Kind, und Kinder sollten frei sein und keine ständigen Verpflichtungen haben. Sie sollten tun können, was sie wollten. Zum Beispiel mit anderen Kindern zusammen sein, anstatt auf kleine Brüder aufzupassen. Doch das interessierte seine Eltern offenbar nicht. Schließlich hatten sie Pete nie gefragt, ob es ihm recht wäre, wenn sie sich trennten. Sie hatten sich einfach scheiden lassen, und das war es dann gewesen. Absolut nichts davon war fair.

Pete war so überschwemmt von den verschiedensten Emotionen, dass er manchmal einfach nicht wusste, wohin damit. Oft hatte er das Gefühl, eine tickende Zeitbombe zu sein, die kurz vor der Explosion stand. Eine Zeit lang hatte Football geholfen. Auf dem Platz war er eine Naturgewalt, brachte andere Spieler zu Fall, warf sie einfach aus dem Weg. Am Ende des Trainings dann war er erschöpft und irgendwie leer. Und leer fühlte sich besser an. Es fühlte sich gut an. Aber seit er nicht mehr im Team war, hatte er auch kein Ventil mehr, um Dampf abzulassen. Er hasste diese Gefühle. Manchmal hasste er einfach *alles*.

Pete sah, wie sein Bruder seine Freunde zurückließ, weil er auf die Toilette musste. Mit schmalen Augen erkannte Pete seine Gelegenheit. Schnell stellte er seine Limo ab, holte seinen Bruder ein und packte ihn am Arm.

Chuck verzog das Gesicht. „Au, Pete!"

„Halt die Klappe und geh weiter", murmelte er, dann blies er seinen Kaugummi auf, bis er platzte.

„Warum? Wohin gehen wir?"

„Du wirst schon sehen." Nach einem kurzen Blick über die Schulter drängte Pete seinen kleinen Bruder einen langen, dunklen Flur hinunter. Der Boden war ausgeblichen und alt, und an den Wänden hingen die Reste von Postern, auf denen animatronische Figuren abgebildet waren. Der Laden musste dringend mal überholt werden. Pete war schon einmal dort entlanggegangen und hatte die große Werkstatt entdeckt. Jetzt, da er wusste, wer sich da drin hin und wieder eine Auszeit nahm, konnte er es kaum erwarten, Chuck auf ein kleines Abenteuer mitzunehmen, zumal sein Bruder sich schon immer vor einer ganz bestimmten animatronischen Figur gefürchtet hatte.

Chuck begann zu protestieren. „Wo gehen wir hin?"

„Was ist los mit dir? Hast du Angst?"

„Nein! Aber ich möchte bei meinen Freunden bleiben!"

„Wir wollen uns mal eben was ansehen."

Chuck schluckte und leckte sich über die trockenen Lippen. Wenn er nervös war, klang er wie ein Frosch. „Lass mich in Ruhe oder ich sage es Mama."

„Du bist so eine kleine Petze. Jetzt gehst du auf jeden Fall da rein." Pete zerrte seinen erstaunlich starken kleinen Bruder durch die Tür der Werkstatt, zu Foxy dem Piraten.

Schwer schlug die Tür hinter ihnen zu und hüllte sie in Dunkelheit.

„Pete, lass mich los!"

„Sei leise. Jemand könnte dich hören, und ich habe keine Lust darauf, dass du wie ein Baby quakst. Weißt du eigentlich, wie nervig das ist?"

Den schraubstockartigen Griff, mit dem er den Arm seines Bruders gepackt hatte, lockerte er nicht. Nein, es war an der Zeit, Chuck eine Lektion zu erteilen. Es war an der Zeit, dass auch Pete endlich einmal tat, was er wollte, und im Moment bedeutete das, seinem kleinen Bruder einen gehörigen Schrecken einzujagen.

Der kleine Chuck, der Trottel, könnte sich dabei sogar in die Hose machen.

Pete musste bei dem Gedanken kichern.

Während er mit einer Hand immer noch den Arm seines Bruders fest im Griff hielt, fischte er sein Telefon aus der Tasche und schaltete die Taschenlampe ein, um den Lichtkegel langsam durch den dunklen Raum wandern zu lassen. Hier war alles seltsam ruhig, als würde sich nicht den Korridor hinunter eine ganze Bootsladung von Leuten befinden. Die Luft war abgestanden und roch muffig, irgendwie … leblos. Als hätte in letzter Zeit niemand einen Fuß hier hereingesetzt. Was schon seltsam war, wenn im Rest des Gebäudes das Leben tobte.

„Ich hab Schluckauf. *Hicks!*"

Mit dem Fuß hatte Pete eine Flasche über den Boden gestoßen. Sie schlug gegen irgendetwas und zerbrach. Pete und Chuck erstarrten und fragten sich, ob jemand das Geräusch gehört hatte, doch niemand schien zu reagieren.

„*Hicks!* Ich hab Schluckauf."

Pete ließ den Lichtkegel des Handys über den Boden gleiten. Dort erschienen abgewetzte schwarz-weiße Fliesen. Verstaubte Tische und ein paar kaputte Stühle standen in dem großen Raum herum. Auf den Tischen lagen halb leere Kartons mit Partyhüten und Tellern. Im Lichtstrahl erschien eine große schwarze Spinne, die auf dem Rand eines der Kartons saß.

„Sieh dir das Vieh an. Es ist riesig!", meinte Pete.

Mit einem Satz verschwand die Spinne in der Dunkelheit, und die Jungen wichen unwillkürlich zurück.

„Ich hasse Spinnen. Lass uns hier verschwinden", jammerte Chuck wieder.

„Noch nicht. Hier gibt es noch so viel zu entdecken. Stell dir einfach vor, es ist eins dieser Abenteuerspiele, die du so gerne spielst. Wir müssen unbedingt den geheimen Schatz finden", erwiderte Pete und lachte leise. Eigentlich wollte er seinen Bruder noch ein bisschen weiter erschrecken.

Wieder richtete er das Licht auf den Boden. Plötzlich bemerkte er etwas, das wie schwarzes geschmolzenes Kerzenwachs aussah und ein paar seltsame schwarze Zeichen.

„Was ist das? Sind das Symbole?", wollte Chuck wissen.

„Wen interessiert das?" Pete ließ den Lichtstrahl weiter durch den Raum tanzen. Dann entdeckte er die kleine Bühne mit dem geschlossenen lilafarbenen Vorhang, und ein Grinsen machte sich auf seinem Gesicht breit. An dem Vorhang hing ein schiefes Schild, auf dem stand: AUSSER BETRIEB.

„Volltreffer. Hoffentlich funktioniert das noch."

„*Hicks!* Pete … wir sollten nicht hier sein. Wir könnten echt Ärger bekommen. So richtig großen Ärger. Wenn man einfach irgendwo reingeht, obwohl das verboten ist. Das ist gegen das Gesetz."

„Das ist gegen das Gesetz", äffte Pete seinen kleinen Bruder nach. „Du bist so ein Streber. Was willst du eigentlich mal werden, wenn du groß bist? Polizist? Auf dem Heimweg kaufe ich dir einen Donut."

Mit seinem Handy leuchtete Pete neben die Bühne. Dort stand auf einem Beistelltisch ein verrosteter Schaltkasten. Der Deckel war aufgebrochen.

„Das wird lustig." Er zerrte seinen Bruder zum Fuß der Bühne. „Genieß die Show, kleiner Bruder."

„Hör auf, Pete!"

Pete packte Chuck an Hemd und Hose und hievte ihn auf die Bühne. Chuck landete hart auf den Brettern, und Pete ging zum Schaltkasten.

Mit der flachen Hand schlug er auf eine Taste, auf der START stand. Erst einmal, dann noch einmal. Ein leises Brummen ertönte, gefolgt von einem gedämpften Klicken und Scheppern.

„Ach, jetzt komm schon!", rief Pete ungeduldig, als sonst nichts passierte.

Doch dann begann sich der Vorhang zu öffnen.

„*Hicks! Hicks! Hicks!*"

Schnell rollte sich Chuck zur Seite.

„Chuck, du Weichei!" Pete stürmte auf die Bühne und packte Chuck an seinen Turnschuhen, damit er nicht abhauen konnte. Doch Chucks Angst war so groß, dass es ihm gelang, sich seinem Bruder zu entwinden. Er sprang auf die Füße, hüpfte von der Bühne und rannte davon.

Noch nie hatte Pete seinen Bruder so schnell laufen sehen. Und wäre er nicht vor ihm geflohen, hätte das Pete vielleicht sogar beeindruckt. Pete wollte ihm nachlaufen, doch sein Hemd verfing sich irgendwo und riss ihn zurück.

„Verdammt!", murmelte er. Er zerrte an dem Stoff, aber er bekam das Hemd nicht frei.

Abgehackte Musik ertönte, während der Vorhang vollständig aufgezogen wurde. Wie erstarrt stand Pete vor einer bewegungslosen animatronischen Foxy-Figur, die auf ihn herabstarrte. Gelbe Augen glühten unter roten Augenbrauen, und sein rechtes Auge verdeckte eine schwarze Klappe. Das Maul mit den spitzen Zähnen stand offen, während der mannsgroße Fuchs ein schräges Lied darüber zu singen begann, wie man Pirat wird. An einem Arm hatte er anstelle einer Hand einen Haken, und an der anderen war kein Fell, weswegen man das Metallskelett des Roboters darunter sehen konnte. Das Surren und Kreischen von Zahnrädern hallte in der Stille des Raums wider. Der Brustkorb des Roboters war in Teilen aufgerissen und gewährte Einblick in seine Mechanik. Foxys Bewegungen waren langsam und irgendwie unheimlich. Obwohl Pete wusste, dass die Figur ein Roboter war, wirkte es, als sei der Körper von irgendetwas zerfleischt worden.

Ein Schauer überlief Pete.

Er merkte, dass er seinen Kaugummi verschluckt hatte.

Es gelang ihm nicht, seinen Blick von Foxys gelben Augen loszureißen, während er sang.

Pete wusste nicht, warum ... Es war doch nur ein dummer, alter Roboter ...

„Du kannst ein Pirat werden, doch zuerst musst du ein Auge und eine Hand verlieren! Zuerst musst du ein Auge und eine Hand verlieren! Zuerst musst du ein Auge und eine Hand verlieren! Zuerst musst du ein Auge und eine Hand verlieren ...“

Die in die Jahre gekommene animatronische Figur blieb immer wieder an der einen Stelle hängen. *„... zuerst musst du ein Auge und eine Hand verlieren!“*

Pete blinzelte, als ihn ein seltsames Gefühl überkam. Als ob eine unsichtbare, kalte, schwere Decke jeden Zentimeter seines Körpers bedeckte und dann durch seine Haut hindurch bis hinein in seine Knochen kroch.

„... zuerst musst du ein Auge und eine Hand verlieren!“

In dem Raum wurde es plötzlich ganz still, doch Pete verharrte im Dunkeln. Vollkommen unbeweglich.

Er blinzelte und sah sich um. Er versuchte, sich zu erinnern, wo er war. Er stand im Dunkeln. Allein. Sein Puls raste, als er einen Schritt zurückwich. Dann sah er, dass sein Hemd an einem Nagel hängengeblieben war. Und dann kam die Erinnerung zurück. Er rieb sich die Augen, riss sein Hemd von dem Nagel los und stürmte von der Bühne fort, um seinen Bruder zu suchen.

„Verdammt noch mal, Chuck!"

* * *

Pete sah, wie Chuck einen tiefen Atemzug aus seinem Inhalator nahm, bevor er sich an den Tisch setzte. Er bemerkte, dass sein kleiner Bruder immer noch angeschlagen war. Chuck musterte Pete von der anderen Seite des Tisches und wand sich. Pete wusste nicht, was ihn eigentlich so ärgerte. Der kleine Mistkerl hatte den besten Teil der Show nicht einmal gesehen. Er war weggelaufen und hatte sich nicht mehr von seinen Freunden weggerührt, bis es Zeit gewesen war, nach Hause zu gehen.

* * *

„Wie war es in Freddy Fazbear's Pizzeria, Jungs?", erkundigte sich ihre Mutter, als sie Teller mit Schinken und Kartoffeln vor ihnen auf den Tisch stellte.

„Gut", erwiderte Chuck, ohne von seinem Teller aufzusehen.

„Ja, total cool", murmelte Pete und begann zu essen.

„Wie? Ist was passiert?"

„Nein, nichts", antworteten die Brüder wie aus einem Mund.

Pete warf Chuck einen warnenden Blick zu. *Sag ja nichts …*

Ihre Mutter hob die Augenbrauen, während sie sich setzte. „Okay. Also ich muss euch beiden etwas Tolles erzählen. Ich dachte, es ist an der Zeit, dass wir etwas zusammen als Familie machen. Und zwar etwas, das wirklich gut für die Welt ist."

Pete verkniff sich, das auszusprechen, was ihm spontan in den Kopf kam, weil er damit seine Mutter wahrscheinlich verletzt hätte.

Welche Familie?

Es war fast sechs Monate her, dass ihr Vater sie verlassen und die Familie zerstört hatte. Und seit wann war sie zur Weltverbesserin geworden?

„Etwas ganz Neues. Etwas, das für uns drei als Familie einen Neuanfang darstellt. Etwas, das auch jemand anderem einen Neuanfang ermöglichen könnte." Sie zog ein Blatt Papier aus einer Mappe, legte es auf den Tisch und drehte es zu ihnen herum.

Ungläubig las Pete die in fetten Buchstaben gedruckte Überschrift. „Organspender?"

Ihre Mutter nickte eifrig. „Ja, wir werden Familienspender. Hört sich das nicht toll an?"

Verblüfft blickte Chuck zu Pete.

„Das sind die tollen Neuigkeiten? Willst du wirklich, dass wir unsere Körperteile verschenken?", fragte Pete.

Sie winkte ab. „Nur, wenn uns etwas passiert, Dummkopf. Was wir natürlich nicht wollen. Aber wenn es doch passiert, könnten wir anderen Menschen helfen, die krank sind und ein neues Herz oder eine neue Niere brauchen. Wir könnten jemandem das Leben retten. Wir wären Helden."

„Wir wären tote Helden“, meinte Chuck trocken.

Sie lachte. „Oh, Chuck, du und deine Sprüche.“

„Ja, Chuck, du bist ein echter Kracher“, sagte Pete todernst.

Chuck verzog das Gesicht. „Mama, weißt du, was Pete in der Pizzeria gemacht hat?“

Aus schmalen Augen sah Pete seinen Bruder an. Er hatte gewusst, dass die kleine Nervensäge den Mund nicht würde halten können.

„Was hat er denn getan?“

„Er hat viel zu viel Limonade getrunken.“ Chuck lächelte, wobei seine Zahnspange aufblitzte.

Ihre Mutter seufzte. „Ach Pete. Ich habe dir doch gesagt, was diese Limonade mit deinen Zähnen macht.“

Pete blickte seine Mutter an. Was war in letzter Zeit nur mit ihr los? Letzten Monat hatte sie begonnen, sich mit jemandem zu treffen, der sich „Livecoach“ nannte. Dann hatte sie auch noch mit Yoga angefangen, ihre langen Haare abgeschnitten und irgendeine seltsame Saftkur gemacht. Sie hatte einen Haufen ihrer Klamotten aussortiert und sie der Wohlfahrt gespendet. Und jetzt … wollte sie portionsweise ihren Körper verschenken.

„Hier, lies den Flyer, Pete“, sagte Mom. „Der wird dich bestimmt überzeugen.“

Pete schnappte sich das Papier, das seine Mutter ihm unter die Nase hielt. Die Liste der Körperteile, die gespendet werden konnten, war ziemlich lang: Knochen, Herz, Niere, Leber, Bauchspeicheldrüse, Haut, Eingeweide, Augäpfel …

Augäpfel.

Du kannst ein Pirat werden, aber zuerst musst du ein Auge und eine Hand verlieren!

Pete dachte zurück an Foxy. Er stellte sich vor, wie Foxy plötzlich von der Bühne stieg und mit seinem großen, spitzen Haken auf ihn zukam, während seine mechanischen Füße über den Boden klapperten.

Petes Magen zog sich zusammen, und ihm war plötzlich ganz schwindelig. Schnell blinzelte er das Bild in seinem Kopf weg. „Was für eine blöde Idee, Mama."

„Pete, das ist überhaupt nicht blöd. Und es verletzt mich, wenn du so denkst."

Ja, ihre Mutter hatte in letzter Zeit auch angefangen, über ihre Gefühle zu sprechen. Er schob seinen Stuhl zurück und stand auf, während sein Gesicht erst ganz blass und dann ganz rot wurde. „Ich werde es nicht tun, Mama."

„Pete!"

„Ich will nicht darüber reden. Ich geh jetzt ins Bett." Pete verließ den Raum.

„Was ist passiert?", hörte er seine Mutter fragen.

Chuck seufzte. „Typisch Pubertät."

* * *

„Beeil dich, Pete!"

Chuck hämmerte am nächsten Morgen an die Badezimmertür. Wenn Pete nicht bald herauskam, würde Chuck den Bus zur *W. H. Jamesons Realschule* nicht mehr bekommen. Falls er den Bus verpasste, würde er fünf Meilen mit dem Fahrrad fahren müssen, und seine Mutter würde ausflippen, weil er dann allein unterwegs war. Sie war ein bisschen paranoid, dass etwas passieren könnte, wenn Pete nicht bei ihm war, was er nicht verstand, da er schon fast zwölf war! (Na ja, elfeinhalb.) Viele seiner Freunde waren ständig allein unterwegs. Aber nicht Chuck. Pete meinte immer, es läge daran, dass Chuck das Nesthäkchen war und ihre Mutter ihn immer noch als Baby betrachtete.

Chuck hörte, wie Pete über der Toilette würgte. Er wich einen Schritt zurück und erschauderte. Pete war krank, vermutete Chuck und verzog die Lippen.

Das hat er verdient, weil er gestern versucht hat, mir Angst einzujagen.

Doch als Pete erneut würgte, verdrängte er den Gedanken, trat einen Schritt zurück und lehnte sich an die Wand, um zu warten. Chuck wusste, dass sich alles verändert hatte, seit ihr Vater sie verlassen hatte. Pete war seitdem nur noch wütend. Ihre Mutter suchte ständig nach tollen Dingen, die sie glücklich machen könnten. Und er selbst? Er versuchte einfach, sich zu beschäftigen. Er hing gerne mit seinen Freunden ab, spielte Online-Games, und er interessierte sich sehr für Rätsel.

Sicher, die Realschule war ätzend, aber zur Schule zu gehen, gehörte einfach zum Leben und man musste diese Zeit eben irgendwie durchstehen. Hin und wieder fand er ein Projekt ganz spannend, doch irgendwann war es beendet, und dann langweilte er sich wieder, bis etwas anderes seine Aufmerksamkeit fesselte. Er verstand durchaus, warum Pete ihn die Hälfte der Zeit hasste, denn ihre Mutter wollte unbedingt, dass Pete immer auf ihn aufpasste. Er versuchte, seinen großen Bruder nicht zu nerven. Doch alles, was er sagte, schien Pete zu verärgern. Vielleicht war das ja bei allen Geschwistern so? Chuck wusste es nicht, weil er keinen anderen Bruder hatte.

Die Toilettenspülung rauschte. Eine Minute später ging die Tür auf. Eine Welle üblen Gestanks wehte Chuck entgegen, und er wedelte mit einer Hand vor seiner Nase herum. Pete sah nicht gut aus. Sein Gesicht war so blass, dass die Sommersprossen auf seinen Wangen wie winzige Insekten wirkten. Sein dunkles Haar stand in alle Richtungen ab, als hätte er in eine Steckdose gefasst. Und er hatte dunkle Ringe unter den Augen.

„Mann, Pete, was ist los mit dir?"

„Nichts", fuhr Pete ihn an. „Irgendetwas ist mir nicht bekommen. Wahrscheinlich in dieser dämlichen Freddy Fazbear's Pizzeria."

Chuck glaubte das nicht. „Soll ich Mama anrufen?"

Pete schob ihn beiseite. „Nein, ich bin nicht so ein kleines Weichei wie du."

Chuck spürte, wie sich seine Schultern versteiften. Er hasste es, wenn sein Bruder ihn so nannte. „Wie du willst", murmelte er. Dann knallte er die Badezimmertür hinter sich zu und schloss ab.

* * *

Pete kippte einen Energydrink mit dreifachem Koffein hinunter, während er zu seinem Biokurs lief, aber er fühlte sich trotzdem ausgelaugt und erschöpft. In der vergangenen Nacht hatte er ein paar ziemlich verrückte Träume gehabt. An alles konnte er sich nicht erinnern, nur daran, dass da unheimlich viel Blut gewesen war. Es war über ihn hinweggeströmt, über sein Gesicht, seine Brust und seine Arme. Schließlich war er aufgeschreckt und hatte bemerkt, dass er fest in die Bettdecke gewickelt war. Bei dem Versuch, sich zu befreien, war er auf den Boden gefallen, und dann war er auch schon ins Bad geeilt und hatte sich übergeben.

Er fröstelte, wenn er nur daran dachte, doch dann rollte er einmal mit den Schultern und schob diese unerfreulichen Bilder beiseite. Wahrscheinlich hätte er zu Hause bleiben sollen, aber seine Mutter bei der Arbeit anzurufen, hätte sie nur in Panik versetzt und ihm eine Million Fragen eingebracht. Er beschloss, den Tag einfach irgendwie zu überstehen. Fünf Minuten nach dem Klingeln erreichte er seinen Klassenraum.

„Mr. Dinglewood, Sie sind zu spät", bemerkte sein Lehrer Mr. Watson gelangweilt. „Haben Sie eine Entschuldigung?"

Pete riss sich die Mütze vom Kopf und schüttelte den Kopf. Er schob sich auf einen leeren Hocker an einem Arbeitstisch ganz hinten neben einem Jungen mit schwarzer Lederjacke und lilafarbenen Haaren.

Peter verstaute die Mütze in seinem Rucksack und stellte ihn auf den Boden. Dann wischte er sich den Schweiß von der Stirn. Unbehaglich rutschte er auf dem Hocker hin und her. Warum konnte er nur nicht stillsitzen?

„Wie ich schon sagte, werden wir heute einen Frosch sezieren“, fuhr Mr. Watson fort. „Einen Test über die Sicherheitsregeln und die Vorgehensweise haben wir bereits geschrieben. Ihr werdet als Team mit eurem Partner zusammenarbeiten und das Laborblatt ausfüllen. Ich erwarte von allen, dass ihr euch wie reife junge Leute verhaltet. Ich weiß, das fällt einigen von euch schwer, aber hier gibt es keine Spielchen, sonst fallt ihr durch. Und das wollt ihr ja nicht. Ihr habt ab jetzt dreißig Minuten Zeit.“

Als sie sich beide dem toten Frosch zuwandten, der ausgestreckt vor ihnen lag, fragte der Typ mit der Lederjacke: „Alter … was ist los mit dir?“

Pete schüttelte nur den Kopf. „Nichts.“

Der Junge mit der Lederjacke warf ihm einen Blick zu, der so viel hieß wie: *Ja, klar.* Dann nahm er ein kleines Skalpell in die Hand.

Nach zehn Minuten gähnte Pete. Sein Mund war ganz trocken und seine Hände zitterten, weil diese kleinen, präzisen Schnitte anstrengend waren.

Der Junge mit der Lederjacke grinste. „Hey, sieh mal hier“, sagte er und stach dem Frosch mit dem Skalpell ins Auge. Eine seltsame Flüssigkeit floss heraus. „Krank, oder?“ Dann stieß er die Klinge in den Arm des Frosches und schnitt ihn ab. Er hob die winzige Hand auf und winkte Pete damit zu.

Pete schüttelte den Kopf. „Ich brauch mal eine Pause.“

„Hey, es tut mir leid. Ich schwöre, ich höre jetzt auf herumzualbern.“ Er hielt Pete die kleine Froschhand hin. „Komm schon, schlag ein.“

Der Junge kicherte, als Pete vom Hocker sprang und zu dem Wasserspender im Klassenraum ging. Er trank ein paar Schlucke. Verdammt war er durstig. Und Hunger hatte er auch. Sein Magen begann zu knurren, denn er hatte das Frühstück ausfallen lassen, um noch pünktlich zur Schule zu kommen.

Auf dem Weg zurück zu seinem Platz hielt Mr. Watson ihn auf. „Alles gut bei Ihnen, Mr. Dinglewood?“, fragte er.

Mr. Watson war kleiner als Pete, hatte weißes Haar und einen weißen Schnurrbart. Auf der Spitze seiner roten Nase saß eine Brille, als würde er irgendwie auf Pete herabschauen – obwohl das physisch unmöglich war.

„Ja, alles ist gut“, stieß Peter hervor.

Mr. Watson runzelte die Stirn. „Freut mich zu hören. Gehen Sie jetzt bitte an Ihren Tisch zurück. Gerade Sie können es sich nicht leisten durchzufallen.“

„Genau das tue ich aber gerade“, murmelte Pete und fuhr herum.

Und von da an ging buchstäblich alles schief.

Pete machte einen schnellen, langen Schritt, und dabei trat er auf einen der Rucksackriemen. Schon rutschte er aus, verlor den Halt und stürzte rücklings zu Boden. Er spürte, wie er den Typ mit der Lederjacke hart mit dem Fuß traf. Der Junge schrie auf, und Mr. Watson brüllte etwas. Pete landete flach auf dem Rücken, was ihm sämtliche Luft aus den Lungen trieb. Er blinzelte, und als er die Augen öffnete, sah er das Skalpell des anderen Jungen in der Luft. Das kleine Messer musste durch seinen Tritt hochgeflogen sein. Aber dann sah Pete ungläubig, wie das

Skalpell der Schwerkraft folgte und direkt auf sein Gesicht zustürzte, wobei die Spitze der kleinen Klinge direkt auf sein Auge zielte.

Adrenalin schoss durch seinen Körper. Mit den schnellen Reflexen, die vom jahrelangen Footballtraining kamen, schlug Pete das Skalpell wie ein tödliches Insekt zur Seite, gerade als die Klinge in sein Auge fahren wollte. Das Skalpell knallte gegen den Arbeitstisch und fiel dann zu Boden.

„Ach du meine ...", zischte der Typ mit der Lederjacke.

„Gütiger Himmel, Pete, ist alles in Ordnung?", erkundigte sich Mr. Watson, der wie ein besorgter Vater plötzlich in seinem Gesichtsfeld auftauchte. „Bleiben Sie liegen, ich rufe die Schulschwester. Die Klasse bleibt sitzen! Keiner rührt sich von der Stelle! Wir folgen bitte den Notfallregeln! Aus dem Weg!"

Die Klasse ignorierte Mr. Watson und drängte sich um Pete, während sich sein Oberkörper unter schweren Atemzügen hob und senkte. Er glaubte nicht, dass er sich den Kopf gestoßen hatte, aber ihm war schwindelig und er hatte das Gefühl, nicht ganz bei Sinnen zu sein. Und irgendwie fühlte er sich auch gedemütigt.

Jemand flüsterte: „Gut gemacht, Dingleberry."

Ein paar der anderen Kinder kicherten. „Oh ja, was für ein Versager. Jetzt wissen wir ja, warum er aus dem Footballteam geschmissen wurde."

Langsam setzte Pete sich auf, während sein Gesicht rot anlief. Mist, es gab keinen Zweifel, dass er zu Hause hätte bleiben sollen.

Irgendwie schaffte Pete es, den Rest des Schultages zu

überstehen. Die Schulschwester hatte ihn untersucht, ihm einen Eisbeutel gegeben und ihn wieder in den Unterricht geschickt. Als die Klingel zum Schulschluss läutete, war das eine große Erleichterung. Schnell lief er an den anderen, meistens langsam dahinschlendernden Kindern vorbei, durch alle Türen und die vordere Treppe hinunter.

Als er einen Blick auf sein Handy warf, bemerkte er, dass er eine neue SMS von seiner Mutter hatte. Mit einer Hand rieb er sich über das Gesicht.

Was nun? Gab es auch mal einen Tag, an dem sie ihn nicht bat, irgendetwas für sie zu erledigen? Klar, er liebte seine Mutter, aber jetzt, da sein Vater nicht mehr da war, um ihr zu helfen, schien Pete immer auf Abruf zu leben. Hoffentlich bat sie ihn nicht, sich wieder um Chuck zu kümmern. Diesmal würde er es nicht tun. Er würde sagen: „Nein, tut mir leid, ich bin krank.“ Er klickte auf die SMS.

Hi Pete, könntest du nach der Schule beim Schlachter vorbeigehen und die Schweinekoteletts abholen, die ich bestellt habe?

Er antwortete schlicht: **Sicher.**

Woraufhin sie schrieb: **Danke!** Mit einem Herz-Emoji.

Pete schob sich gleich mehrere Kaugummis mit Wassermelonengeschmack in den Mund und machte sich auf den Weg zur Schlachterei, die ein paar Straßen abseits von seinem direkten Nachhauseweg lag. Eigentlich hatte er seinen Führerschein machen wollen. Das jedoch war der Plan vor sechs Monaten gewesen, vor der Scheidung, doch jetzt schien er das alles vergessen zu haben.

Schließlich erreichte er Barney's Fleischerei. Kein einziges Auto stand davor, was perfekt war, denn so konnte er die Bestellung abholen und gleich wieder verschwinden. Pete schob sich durch die Glastür, und es stand nicht einmal jemand hinter dem Tresen. An der Scheibe waren Verkaufspreise angeschlagen, und aus dem hinteren Bereich des Ladens ertönte ältere Rockmusik.

Er ging zu der Vitrine mit dem rohen Fleisch und blickte sich um.

„Hallo?“, rief er. „Ich möchte eine Bestellung abholen.“

Da es keine Glocke gab, die er hätte läuten können, wartete er noch eine Minute, ob vielleicht jemand kommen würde. Als das nicht geschah, reichte es ihm. Er klopfte ein paar Mal gegen die Glastheke. „Halloooo!“

Schließlich nahm er die Sache selbst in die Hand und ging hinter den Glastresen. „Hey, ist hier jemand?“

Auf der anderen Seite der Verkaufstheke befand sich ein langer Metzgertisch, auf dem sich eine wässrig rote Lache befand. Der überwältigende Geruch von Fleisch und Blut drehte ihm erneut den Magen um. Der Kaugummi in seinem Mund wurde plötzlich sauer. Er legte eine Hand auf seinen Magen, als wolle er ihn beruhigen. *Ich werde nicht kotzen. Ich werde nicht kotzen*, dachte er. Um sich abzulenken, blickte er sich um, doch überall sah er nur geschlachtete Tiere. Über seinem Kopf hingen gefährlich aussehende Messer und Hackbeile. Erneut wurde ihm schwindelig. Um nicht das Gleichgewicht zu verlieren, stützte er sich auf dem Metzgertisch ab und fasste dabei ungewollt in die seltsame wässrige Flüssigkeit. Ihm brach der kalte Schweiß aus.

Rumms!

Ein riesiges Fleischerbeil schlug neben ihm in das Holz ein und verfehlte nur knapp sein Handgelenk. Pete zuckte zurück, die Hand schützend an die Brust gepresst, und stieß dabei mit seinem Rucksack gegen die Vitrine. Erschrocken starrte er auf das Beil, das vor ihm im Holz steckte. Der Griff vibrierte noch, als sei er mit unfassbarer Gewalt in den Tisch geschlagen worden. Pete blickte nach oben.

Ein leerer Haken pendelte langsam hin und her. Das Fleischerbeil war vom Haken gefallen. *Gefallen?* Er konnte sich kaum vorstellen, dass so etwas von allein passierte, aber was sollte es sonst gewesen sein?

„Hey, was machst du denn hinter dem Tresen?“ Ein stämmiger älterer Mann mit einer blutigen Schürze kam auf ihn zugewatschelt, während er sich die Hände an einem Handtuch abwischte. „Hier ist nur für Angestellte. Kannst du die Schilder nicht lesen?“

Pete deutete auf das Hackbeil, das noch im Tisch steckte.

„Ich … ich …“

„Nur raus damit. Was ist los?“

„Ich habe nichts angefasst. Es … es ist einfach runtergefallen.“

Der ältere Mann kniff die Augen zusammen. „Diese Messer fallen nicht einfach vom Haken, Junge. Auf keinen Fall. Sonst würden mir noch viel mehr Finger fehlen als die, die ich mir schon abgeschnitten habe.“ Der Mann hob seine linke Hand und zeigte, dass ihm dort am Ringfinger und am kleinen Finger jeweils das erste Glied fehlte. Die Haut an den beiden seltsam geformten Stümpfen sah glatt aus.

Als Pete zu zittern begann, lachte der Mann. „Hast du Angst? Noch nie jemand mit fehlenden Fingern gesehen? Dann halt deine Hände mal schön von scharfen Gegenständen fern, mein Junge, dann passiert dir das auch nicht. Wahrscheinlich nicht zumindest.“ Wieder fing er an zu lachen.

Pete schluckte schwer. „Ich will … eigentlich nur eine Bestellung abholen für … Dinglewood.“ Der Schlachter winkte mit einer Hand in Richtung Hinterzimmer.

„Ja, habe ich im Kühlschrank. Koteletts, richtig? Ich bin gleich wieder da.“

* * *

Pete riss die Eingangstür seines Hauses auf und schlug sie wieder hinter sich zu, sobald er hindurchgestürmt war. Er warf seine Sachen auf den Boden, marschierte in die Küche, machte den Kühlschrank auf, legte die Koteletts hinein und nahm sich auch gleich eine Limonade. Mit der Hüfte stieß er die Tür zu und trank die ganze Dose in einem Zug aus. Die Cola tat seiner rauen Kehle gut und die Süße beruhigte ihn ein wenig.

Was für ein verrückter Tag.

Er nahm seine Mütze ab und fuhr sich mit der Hand über den Kopf. Er musste jetzt einfach mal etwas essen, sich ausruhen und alles andere vergessen. Keine verrückten Träume mehr oder seltsame Kinder mit Skalpellen und auch definitiv keine Schlachterei. Von nun an würde seine Mutter das Fleisch selbst abholen müssen.

Als er hörte, wie das Gartentor knarrend geöffnet wurde, warf er einen Blick aus dem Küchenfenster. Chuck hob sein Fahrrad durch das Tor und lehnte es an die Hauswand, bevor er durch die Seitentür hereinkam.

Pete spürte, wie erneut der Ärger in ihm hochkochte. „Bist du verrückt?", fragte er Chuck. „Wenn Mama herausfindet, dass du mit dem Rad zur Schule gefahren bist …"

„*Irgendjemand* hat heute Morgen die Toilette in Beschlag genommen, und ich hab den Bus nicht mehr gekriegt."

„Und ich hab dich nicht abgeholt. Ich bin erledigt."

„Ich verrate schon nichts."

„Ja, klar! Du verrätst mich doch immer."

Chuck verdrehte die Augen. „Ich habe Mama auch nicht erzählt, dass du mich gezwungen hast, in der Pizzeria mit dir in die Werkstatt zu gehen, oder?"

„Noch nicht. Aber ich habe mitbekommen, dass du es ihr gestern Abend beim Essen sagen wolltest. Du hast geglaubt, du bist richtig witzig."

Chuck hob verärgert die Hände. „Hab ich aber nicht! Das muss doch auch irgendwas zählen."

Pete zuckte die Schultern. „Dir kann man nun mal nicht trauen."

„Also gut, ich sollte ihr einfach sagen, was du alles verbockt hast. Wie wäre denn das?"

„Siehst du? Du bist doch eine Petze!"

„Halt die Klappe, du bist die Petze!"

„Halt du die Klappe, du kleiner Trottel!"

Chuck gab nach. „Wie auch immer, du Wichser“, murmelte er. Er nahm sich ein Brot, holte die Erdnussbutter aus der Speisekammer und die Marmelade aus dem Kühlschrank. Dann nahm er noch ein Buttermesser aus der Schublade und begann, sich eine Scheibe zu schmieren.

Als er sah, wie Pete sein Brot musterte, hob er die Augenbrauen. „Was? Willst auch eins?“

Pete zögerte. „Ich weiß nicht.“

„Mach es dir selbst.“

Pete hielt sich eine Hand auf den Bauch und überlegte, ob das gutgehen würde.

„Bist du etwa immer noch krank?“, wollte Chuck wissen.

Pete zuckte die Schultern. „Ich hab nur einen schlechten Tag.“

„Warum? Was ist passiert?“

Pete schnauzte: „Das geht dich nichts an.“ Auf keinen Fall würde er irgendjemandem von dem peinlichen Zwischenfall im Biokurs und den fliegenden Hackbeilen erzählen. Schon gar nicht seinem dämlichen Bruder, der ihrer Mutter nachher noch davon erzählte, damit sie dann ausflippte.

„Von mir aus.“ Chuck schmierte sich sein Brot fertig und schob es Pete hin. War das ein Friedensangebot?

Überrascht hob Pete die Augenbrauen, als Chuck begann, ein weiteres Brot zu schmieren.

„Du weißt, dass Mama für uns diesen Papierkram für den Organspendeausweis ausgefüllt hat“, bemerkte Chuck, als sei das nichts Besonderes.

Pete fiel die Kinnlade herunter. „Was? Warum?"

Chuck nickte, ließ seine Zahnspange aufblitzen und wirkte fast ein wenig zufrieden. „Sie meinte, du würdest dich irgendwann mit der Idee anfreunden."

„Aber ich habe ihr gesagt, dass ich das nicht will!"

„Seit wann hört Mama denn darauf, was wir wollen?" Chuck biss in sein Brot und redete mit vollem Mund weiter. „Es ist ja sowieso kein großes Ding. Man ist tot, wenn sie einem die Organe rausnehmen. Dein Leben oder deine Seele oder was immer da auch ist, hat sich längst verabschiedet. Was kümmert es mich also? Warum ist dir das so wichtig?"

Pete wusste überhaupt nicht, wo er anfangen sollte. Er wollte nicht, dass man ihn auseinanderbaute, und seine Mutter wollte ihn in Teilen verschenken! „Das ist … das ist einfach eine dämliche Idee!"

Chuck musterte ihn neugierig. „Warte mal. Du hast Angst, oder?"

„Quatsch! Halt jetzt die Klappe!"

„Ich hab das mal nachgelesen. Willst du wissen, wie sie dich aufschneiden und dir dann deine Organe entnehmen? Das ist voll cool! Sie öffnen dich mit so einem Y-Schnitt, dann liegen alle Organe frei. Und dann nehmen sie eins nach dem anderen heraus." Er zog eine Grimasse mit verdrehten Augen und heraushängender Zunge. „Deine Gedärme sind super lang, oder? Die ziehen sie einfach wie ein langes Seil aus dir heraus." Chuck tat so, als würde er sich mit beiden Händen etwas aus dem Bauch holen.

„Ich hab gesagt, du sollst die Klappe halten!“ Pete schnappte sich das andere Brot und floh in sein Zimmer.

* * *

Als Pete am nächsten Morgen zur Schule ging, nippte er an seinem dreifachen Energydrink mit extra Koffein. Die Sonne schien, was ihm den Gang sehr erleichterte. Heute musste es besser werden als gestern, dachte er. In der letzten Nacht hatte er wieder seltsame Träume gehabt, aber zum Glück waren die Details verblasst, sobald er aufgewacht war. Und er hatte seine Innereien diesmal nicht in die Toilette gekotzt. Das war ein Pluspunkt.

Am vergangenen Abend und auch am Morgen hatte er kaum mit seiner Mutter gesprochen. Warum hatte sie ihn als Spender gemeldet, obwohl er ihr gesagt hatte, sie solle das nicht tun? Er hatte nicht einmal die Schweinekoteletts essen wollen, die er ihr gestern Abend mitgebracht hatte. Die erinnerten ihn nur daran, dass er beinah seine Hand verloren hätte.

Als er an einer Baustelle vorbeikam, hielt er einen Moment inne. Er blickte zur anderen Straßenseite und entschied sich dagegen, bei dem regen Verkehr hinüberzugehen – stattdessen marschierte er direkt unter dem Gerüst hindurch. Dabei richtete Pete seinen Blick auf die Gerüstbretter über ihm und vergewisserte sich, dass es da keine seltsamen Werkzeuge gab, die ihm auf den Kopf fallen könnten. Er hörte Motorsägen und Bohrer aus dem Innern der Baustelle, aber nicht vom Gerüst. Als er sich überzeugt hatte, dass ihm nichts passieren konnte, entspannte er sich ein wenig.

Trotzdem ging er etwas schneller unter den Gerüsten hindurch und warf immer wieder einen Blick nach oben. In letzter Zeit war ihm bewusst geworden, dass er nicht vorsichtig genug sein konnte. Als er sich dem Ende des Gerüsts näherte, atmete er erleichtert auf.

War doch ein Kinderspiel.

Aus dem Innern der Baustelle ertönte ein komisches Surren und dann ein hartes Scheppern. Sofort bekam Pete eine Gänsehaut.

„Ach du Schei… *Pass auf!*“

Am Rande seines Gesichtsfeldes bemerkte Pete eine schnelle Bewegung. Er fuhr herum und sah gerade noch rechtzeitig ein rundes Sägeblatt, das wie eine Frisbeescheibe, aber mit scharfen Zähnen, in seine Richtung flog.

Adrenalin schoss ihm durch die Adern. Blitzartig wich er nach hinten aus, als das Geschoss auf ihn zuflog. Abwehrend hob er eine Hand, als könne er das Sägeblatt auffangen, doch dann wurde ihm schlagartig klar, dass er nichts Schlimmeres tun konnte, und er versuchte seine Hand wieder zurückzuziehen. Er dachte auch, er hätte es geschafft, doch da spürte er, wie ihm die Zähne mit einem scharfen Schmerz knapp über dem Handgelenk ins Fleisch schnitten.

Er stürzte zu Boden und verlor sein Getränk, das sich halb über ihn ergoss. Der Aufprall presste ihm die Luft aus den Lungen. Mit weit aufgerissenen Augen hob er seinen Arm und beobachtete schockiert, wie das Blut daran herunterlief.

„Oh Mann, Junge! Wir brauchen einen Notarzt!“ Ein Bauarbeiter eilte zu ihm und hielt sich dabei an seinem Helm fest, als wisse er nicht, was er mit den Händen tun sollte. „Ich hole eben einen sauberen Lappen. Nur nicht bewegen!“ Der Arbeiter lief los, dafür scharten sich andere Leute um ihn.

„Kleiner, geht es dir gut?“ Ein Mann im Anzug beugte sich über Pete. Er hielt ein Telefon an sein Ohr. „Hallo, ja“, sagte er. „Ja, es hat einen Unfall gegeben. Mit einem Teenager ... er blutet. Am Arm. Ja, er ist bei Bewusstsein. Äh ... auf einer Baustelle an der Ecke Willington und Salisbury. Beeilen Sie sich bitte.“ Er wandte sich wieder Pete zu. „Keine Sorge, Kleiner, Hilfe ist unterwegs.“

Benommen blickte Pete auf die offene Wunde an seinem Arm. Sie war nicht sehr tief.

Aber ...

Er hätte sterben können.

* * *

„Pete!“, schrie seine Mutter, kaum hatte sie das Haus betreten. „Pete!“

„Ich bin in meinem Zimmer“, rief er. Er lag auf dem Bett und starrte an die Decke. Nachdem der Sanitäter ihn an der Baustelle verbunden hatte, war er zu Fuß nach Haus gelaufen und hatte seine Mutter angerufen. Eine Fahrt ins Krankenhaus hatte er verweigert, nur von der Baustelle wollte er so weit wie möglich weg. Und jetzt war all seine Energie verbraucht.

Er hatte bemerkt, dass sein Rücken schmerzte, also war er ins Bad gegangen und hatte vor dem Spiegel sein Hemd hochgezogen. Als ob sein aufgeschnittener Arm nicht schon schlimm genug war, hatte er sich auch noch ein paar frische Schrammen am Rücken eingehandelt, als er auf den Bürgersteig gestürzt war.

Gestern war schon so manches nur gerade noch gut gegangen, doch dieser letzte Unfall war viel schlimmer ausgegangen. Diesmal hatte er tatsächlich geblutet.

Hektisch kam seine Mutter in sein Zimmer gestürzt. „Oh, mein Gott! Oh, mein Schätzchen!"

Pete seufzte. „Mama, mir geht es gut. Es ist nur eine kleine Wunde. Sie musste nicht genäht werden. Alles gut."

Seine Mutter ergriff seine Hand und tastete den Verband an seinem Arm ab. „Wie ist das passiert?" Sie strich ihm über die Wange, fuhr ihm über den Kopf und gab ihm einen Kuss auf die Stirn.

Pete blickte auf seinen Arm und antwortete ehrlich: „Ich weiß es wirklich nicht."

Sie machte große Augen. „Was soll das heißen, du weißt es nicht? Hast du nicht aufgepasst? Ist der Bauarbeiter fahrlässig gewesen? Sollten wir einen Anwalt einschalten? Vielleicht sollten wir doch noch ins Krankenhaus fahren."

„Nein! Okay, Mama? Entspann dich einfach." Obwohl es irgendwie schön war, einmal ihre ganze Aufmerksamkeit zu haben, machte ihn ihre Unruhe ganz nervös.

„Nein, ich bin nicht entspannt. Du hättest wirklich schlimm verletzt werden können." Sie richtete sich auf und verschränkte mit entschlossener Miene die Arme. „Das war's jetzt. Du gehst nicht mehr zu Fuß zur Schule. Du kannst mit dem Bus fahren oder dich mitnehmen lassen. Vielleicht kann ich auch meine Arbeitszeiten ändern. Ich werde dich und deinen Bruder zur Schule fahren. Ich denke, das kriege ich hin." Dann stemmte sie die Hände in die Hüften, als sei sie plötzlich Wonder Woman und nichts könne sie aufhalten. „Ich *werde* das hinkriegen."

„Mama, hör auf. Es war nur ein ... ungewöhnlicher Unfall." Wie sie ihm in letzter Zeit öfter passierten.

Unten wurde an die Haustür geklopft, bevor sie aufschwang.

Erschrocken schoss Pete in seinem Bett hoch. „Wer zum Teufel ist das denn?"

„Pete, achte auf deine Ausdrucksweise."

„Hallo? Ist jemand zu Hause?", rief eine vertraute Stimme.

Anklagend blickte Pete seine Mutter an. „Du hast *Papa* angerufen?"

„Natürlich habe ich deinen Vater angerufen", erwiderte sie. Dann rief sie: „Hier oben, Bill. In Petes Zimmer."

Schnell sammelte sie die schmutzige Wäsche ein, die auf dem Boden herumlag. „Ich muss ihn anrufen, wenn etwas passiert. Mensch, Pete, dieses Zimmer ist ein einziges Chaos."

Als ob das etwas Neues war.

Sein Vater erschien im Türrahmen. Er trug eine Cargohose und ein T-Shirt, dazu eine Weste und einen Sonnenhut aus Segeltuch.

Ein etwas gezwungenes Lächeln erschien auf seinem Gesicht mit dem Dreitagebart. „Da ist ja mein Junge."

„Du warst angeln?", fragte seine Mutter ihn überrascht.

„Nein, noch nicht. Ich habe mir den Rest des Tages freigenommen, dadurch ist das Wochenende länger. Ich bin hier, um meinen Erstgeborenen mit an den See zu nehmen. Wie geht es deiner Wunde, Pete? Zeig mir mal den Arm."

Sein Vater kam auf das Bett zu und trat dabei gegen Wasserflaschen, die gleich durch die Gegend flogen. Seine Kiefermuskeln verhärteten sich, aber er sagte nichts zu dem Durcheinander.

Pete hob seinen Arm, damit sein Vater ihn inspizieren konnte. Er war unsicher, was er von dessen Besuch halten sollte. Seit Monaten hatte er ihn nicht mehr gesehen, hatte nur ein paar Mal mit ihm telefoniert. Und plötzlich war er zu Hause, so *richtig* zu Hause. Das hatte es seit fast sechs Monaten nicht mehr gegeben. Früher war es so normal gewesen, dass Mama und Papa gemeinsam zu Hause waren und jetzt ... fühlte es sich irgendwie superpeinlich an.

Sein Vater stieß ein Brummen aus. „Sieht ja so schlimm nicht aus. Du wirst im Handumdrehen wieder wie neu sein."

„Äh ... ja ... sicher. Ich glaube nicht, dass ich heute Lust zum Angeln habe, Papa." Er wusste sogar sehr genau, dass er dazu nicht in der Lage sein würde. Ihm tat alles weh, und er wollte sich gern ausschlafen. Er warf seiner Mutter einen flehentlichen Blick zu. *Hilf mir.*

Sie zögerte. „Er ist müde, Bill. Vielleicht ein anderes Mal. Es war ein ziemlich verrückter Vormittag."

Sein Vater winkte ab. „Blödsinn. Es geht ihm doch gut. Angeln beruhigt die Nerven und entspannt den Geist. Komm jetzt, mach dich fertig, Pete. Ich habe Sandwiches eingepackt. Das wird schon Spaß machen, du wirst sehen.“

* * *

Die Sonne brannte brutal vom Himmel, obwohl es dunstig war. Pete saß in einem Klappstuhl neben seinem Vater auf einem alten Steg. Zwischen ihnen stand eine Kühlbox, und zu den Füßen seines Vaters lag ein offener Angelkoffer. Petes Arm tat weh, deswegen warf er seine Angel nicht weit aus. Stattdessen ließ er die Szenerie auf sich wirken. Eine Handvoll kleiner Boote befand sich auf dem See. Darin saßen Leute – meist alte Leute – und angelten. Alle paar Minuten kräuselte sich das Wasser, wenn eine Brise darüber blies, die den Geruch von verwesendem Fisch und verrottenden Pflanzen mit sich brachte. Pete konnte sich nicht daran erinnern, dass sein Vater jemals an diesem See ganz in der Nähe irgendwelchen Fisch gefangen hatte. Er fragte sich, ob das überhaupt jemandem irgendwann einmal gelungen war.

Irgendwie war es ein seltsames Gefühl, allein mit seinem Vater zu angeln. Wahrscheinlich war es schon ein paar Jahre her, dass sie am See gewesen waren, und Chuck war normalerweise mit dabei und stellte Papa ständig jede Menge Fragen. Chuck musste immer alles wissen. Warum etwas funktionierte oder wie es funktionierte oder wo Dinge hergestellt wurden. Pete war sich nicht sicher, ob Chuck sich tatsächlich für die Antworten interessierte oder einfach nur Aufmerksamkeit wollte, aber so oder so, er war an dieses Geplapper gewöhnt. Chuck gefiel es, Fragen zu stellen, und Pete gefiel es, nicht viel zu reden.

„Also, Pete, ich möchte gern wissen, wie es dir geht", sagte sein Vater.

Pete nahm seine Mütze ab, kratzte sich am Kopf und setzte sie wieder auf. „Mir geht's gut, Papa."

„Deine Mutter sagt, du hättest aufgehört, Football zu spielen und du würdest dich nicht gut mit deinem Bruder verstehen." Der Ton seines Vaters klang nicht vorwurfsvoll, trotzdem konnte Pete seine Missbilligung spüren, genau wie über sein unordentliches Zimmer. Sein Vater tat immer so, als sei es Petes Schuld, wenn etwas schieflief. Äußere Ereignisse – wie zum Beispiel, was seine Eltern taten – spielten nie eine Rolle. *Es muss cool sein, erwachsen zu sein und immer recht zu haben*, dachte Pete.

Pete zuckte mit den Schultern, obwohl sein Vater ihn nicht ansah. „Football ist für mich erledigt. Das ist einfach nichts mehr für mich."

Eine Brise kam über das Wasser, und jemand warf seine Angel aus. Die Schnur zischte direkt an Petes Gesicht vorbei. Er zuckte zusammen und blickte hinüber zu einem Kerl, der ein paar Meter entfernt in seinem Boot saß und nicht darauf achtete, wohin er seine Angel warf.

Sein Vater sagte: „Okay. Das mit dem Football ist deine Entscheidung. Aber du bist Chucks großer Bruder, und das kannst du dir nicht aussuchen."

Daran musste Pete nicht unbedingt auch noch erinnert werden, aber sein Vater fuhr unbeirrt fort.

„Und als großer Bruder hast du eine gewisse Verantwortung. Ich war der große Bruder deiner Tante Lucy. Das bin ich immer noch, wenn sie mich braucht. Sie hat jetzt einen Mann, also ist sie nicht mehr so sehr auf mich angewiesen …“ Irgendwie schien er sich ein wenig unwohl zu fühlen, als er das Thema „Mann“ ansprach.

Pete presste die Zähne zusammen. Es war schade, dass er seine Kaugummis vergessen hatte. Predigten waren immer langweilig und pure Energieverschwendung, aber ein Kaugummi hätte ihn zumindest etwas abgelenkt. Er starrte auf den See hinaus und hoffte, dass irgendetwas diese angespannte Situation auflockern würde.

„Aber trotzdem … manchmal kann Verantwortung für ein Kind ganz schön viel sein“, fuhr sein Vater fort und räusperte sich. „Du weißt schon, was ich meine. Die Noten in der Schule und die Mädchen, die so komische Gefühle in einem auslösen.“ Aus dem Augenwinkel warf sein Vater ihm einen Blick zu. „Hast du irgendwelche Fragen über Mädchen?“

Petes Wangen brannten, und er schüttelte den Kopf.

„Gut, ich will damit auch nur sagen, wenn du mit jemandem reden möchtest, bin ich für dich da, mein Sohn.“ Dann wandte sein Vater sich ganz ihm zu und beobachtete ihn, als warte er darauf, dass Pete etwas Großes sagen würde.

Pete runzelte die Stirn. „Äh … okay.“

Sein Vater fuhr sich mit der Hand über den Bart. „Und

wenn es einfacher ist, mit einem Fremden zu reden, kann ich einen Psychologen für dich suchen."

„Was? Nein, ich brauche keinen Psychologen."

„Und mit deinem Handgelenk ..." Sein Blick glitt zu Petes Verband.

„Was ist damit? Das war ein Unfall."

Der Blick seines Vaters wurde noch intensiver. „War es das wirklich, Pete?"

Pete zuckte buchstäblich zurück. „Glaubst du, ich habe mir das selbst zugefügt?"

„Ich habe gehört, dass eine Scheidung die Familie auf unterschiedlichste Weise belasten kann ..."

„Ich habe mich nicht selbst verletzt, Papa." Frustriert rieb sich Pete mit der Hand durchs Gesicht. Wieder zischte eine Angelschnur an seinem Gesicht vorbei, und er ruckte nach links, um ihr auszuweichen. Wenn diese alten Männer nur aufpassen würden, was sie da taten!

„Ich verurteile dich nicht, mein Sohn, wenn du es getan hast. Du sollst nur wissen, dass ich immer für dich und deinen Bruder da bin."

Pete stieß ein Lachen aus. „Das sagst du ständig. Seit der Scheidung habe ich dich aber kaum gesehen. Du bist weder für mich noch für Chuck da. Du und Mama, ihr erwartet, dass ich bei Chuck deinen Platz einnehme." Pete dachte, er würde sich besser fühlen, nachdem er die Wahrheit ausgesprochen hatte, aber er fühlte sich nur noch schlechter. In seiner Brust breitete sich ein ganz komisches Gefühl aus, als ob jemand seine Hand dort hinlegte und kräftig zudrückte.

Sein Vater ließ unwillkürlich die Schultern hängen. „Das ist nicht wahr, Pete. Ich wohne am anderen Ende der Stadt, und du weißt, dass meine Arbeitszeiten sehr unregelmäßig sind. Ich tue, was ich kann. Du und Chuck, ihr beide müsst das wissen. Ich meine … ich werde mich noch mehr anstrengen. Ich *liebe* euch beide."

Ja, das hörte Pete oft von seinen Eltern, aber Worte waren nicht mehr genug. Wenn Pete wollte, hätte er jetzt weinen können. Aber weinen tat noch mehr weh, als wütend zu sein, also entschied er sich für die Wut.

„*Das* …", Pete hob seinen verletzten Arm vor das Gesicht seines Vaters, „… war ein irrer Unfall. Dafür gibt es Zeugen, okay? Es sei denn, ich habe mit meinen übernatürlichen Kräften ein Kreissägeblatt auf mich zufliegen lassen, damit es mir die Hand abschneidet. Klar? Ist ja wohl kaum möglich, oder? Bring mich einfach nach Hause, Papa. Mir reicht's!"

„Bitte beruhige dich, Pete."

„Bitte bring mich nach Hause." Pete sprang so schnell von seinem Klappstuhl auf, dass der ein Stück zurückrutschte. Eine Bö wehte über das Wasser und riss ihm fast die Mütze vom Kopf. Er packte sie gerade noch, bevor sie davonfliegen konnte. Dann hörte er ein Zischen, und im nächsten Moment bohrte sich etwas Scharfes direkt unter dem Auge in seine Wange.

Irgendetwas zerrte ihn am Gesicht vorwärts. „*Ahhh!*"

„Pete!"

Pete ließ seine Angel fallen, als er sich mit beiden Händen ins Gesicht griff, um den Haken zu finden, der in seiner Haut steckte. Der Haken war an einer Schnur befestigt und zerrte an seiner Wange. Pete beugte sich nach vorn und schrie. Der Schmerz schoss durch seinen ganzen Körper. Sein Herz raste und er dachte, es würde ihm jeden Moment aus der Brust springen.

Die Schnur war so straff, dass Pete einen weiteren Schritt nach vorn machte, um den Zug an seiner Haut zu verringern. Unter ihm befand sich nur dunkles Wasser, und er konnte das Gleichgewicht nicht halten.

Ich werde kopfüber in den See stürzen, dachte er.

Er spürte, wie sein Vater einen Arm um ihn legte, um zu verhindern, dass er ins Wasser fiel. „Halt still!" Sein Vater holte ein kleines Jagdmesser aus der Tasche und schnitt die Angelschnur durch. Augenblicklich ließ der Druck nach.

Pete krümmte sich vor Schmerz, Blut tropfte ins Wasser.

Sein Vater hielt ihn fest. „Alles gut, mein Junge, ich hab dich." Er zog ihn vom Rand des Stegs weg.

„Es tut mir leid!", rief jemand. „Ist alles okay? Der verdammte Wind hat meine Schnur zu euch geweht. Es ist nicht zu glauben!"

„Pete, sieh mich an. Komm schon, lass mal sehen, was passiert ist."

Sein Vater bedeutete ihm, den Kopf zu heben. Nur gerade eben konnte Pete den Haken sehen, der aus seiner Wange ragte. Ihm tränten die Augen, Rotz lief aus seiner Nase, und die Tränen vermischten sich mit dem Blut, das über seine Wange rann.

Sein Vater stieß die Luft aus. „Oh ja. Hat dich ziemlich

gut erwischt, aber das kommt wieder in Ordnung. Wir können froh sein, dass der Haken nicht dein Auge getroffen hat."

* * *

Pete hatte ganz augenscheinlich einen schlechten Tag.

Als Pete und sein Vater nach Hause kamen, eilte sofort seine Mutter herbei. Petes Gesicht war ganz verunstaltet.

Chuck machte große Augen. Wow, er sah fast aus wie Frankenstein! Aber diesen Spitznamen würde er sich für eine andere Gelegenheit aufheben.

„Wie konnte das passieren?", kreischte seine Mutter geradezu. „Oh Pete, dein armes Gesicht."

„Hey Chuck, mein Junge!"

„Hi Papa", erwiderte Chuck und winkte kurz. Er erinnerte sich daran, wie er als Kind immer an den Beinen seines Vaters hinaufgeklettert war, bis der ihn hochgehoben hatte. Chuck fragte sich, wann er eigentlich damit aufgehört hatte.

Sein Vater hob die Hände. „Bitte, Audrey, lass uns ruhig bleiben. Es war ein verrückter Unfall. Ein Angelhaken hat ihn an der Wange erwischt. Es war nicht allzu schlimm, ich konnte ihn selbst versorgen."

Die Augen seiner Mutter weiteten sich. „Noch so ein verrückter Unfall am selben Tag? Wie kann das möglich sein?"

Sein Vater fuhr sich mit der Hand über den Bart. „Ich bin mir nicht sicher. Ich denke, er muss erst mal im Bett bleiben und sich ausruhen. Das wird schon nicht wieder passieren.“

„Ja, er hätte sich ausruhen sollen,“, fuhr seine Mutter ihn an. „Es war deine geniale Idee, ihn mit zum See zu nehmen, und jetzt hat er wie ein Fisch an der Angel gehangen. Warum hast du nicht auf ihn aufgepasst?“

Sein Vater riss sich den Sonnenhut vom Kopf und enthüllte seine Glatze. „Audrey, das ist nicht fair. Er hat direkt neben mir gesessen. Das war ein verrückter Zufall …“

Pete sackte auf der Couch zusammen. Er wirkte benommen, während er Mama und Papa beobachtete, die auf und ab gingen und über ihn sprachen. Chuck war es nicht gewohnt, seinen Bruder so … verletzlich zu sehen. Er war größer als er, hatte eine große Klappe und konnte einem ziemlich auf die Nerven gehen. Jetzt aber wirkte er klein und fast zerbrechlich.

Chuck ging hinüber zur Couch, setzte sich neben Pete und starrte in das Gesicht seines Bruders. „Du siehst …“, *wie Frankenstein*, „… ziemlich schlimm aus, Pete. Tut es sehr weh?“

„Was glaubst du wohl?“, murmelte er.

Chuck nickte, als ob er verstanden hätte. „Ist ein ziemlich schlechter Tag, was? Was glaubst du, was mit dir los ist? Bist du unter einer Leiter durchgelaufen? Ist dir ein Spiegel runtergefallen? Hat eine schwarzen Katze deinen Weg gekreuzt?“

Pete runzelte die Stirn. „Wovon redest du?“, fragte er.

„Was hast du getan, um dir so eine Pechsträhne einzuhandeln?“

Pete schüttelte nur den Kopf. „Das ist kein Pech, und ich neige auch nicht zu Unfällen“, entgegnete er. „Ich weiß nicht, was los ist.“

Chuck leckte sich über die trockenen Lippen und beugte sich näher zu seinem Bruder. „Es ist aber schon etwas seltsam, oder? Erst warst du krank, und Mama hat mir von diesem komischen Unfall auf der Baustelle erzählt. Und jetzt ist auch noch das mit dem Angelhaken passiert.“ Chuck hatte darüber nachgedacht, was für seltsame Dinge plötzlich gehäuft im Leben seines Bruders passierten – das hatte alle Zutaten, die zu einem richtig guten Rätsel gehörten. „Das hat alles angefangen, als du versucht hast, mich in der Freddy Fazbear's Pizzeria zu erschrecken“, erklärte er.

Pete versuchte, finster dreinzuschauen, aber er zuckte zusammen, als ihm dabei die Wange schmerzte. „Was? Willst du jetzt sagen, dass es so was wie Karma gibt? Blödsinn. Niemals. An solches Zeug glaube ich nicht.“

Chuck zuckte die Achseln. „Du kannst aber nicht abstreiten, dass es seltsam ist.“

Pete schwieg einen Moment, dann sagte er leise: „Es sind ja nicht nur diese Sachen.“

Neugierig hob Chuck die Augenbrauen. „Was meinst du?“

Pete schüttelte den Kopf. „Ich kann jetzt nicht darüber reden. Ich erzähl es dir später.“ Er machte eine vielsagende Kopfbewegung in Richtung seiner Eltern, weil er offenbar nicht wollte, dass sie etwas mitbekamen.

Also ging Chuck in sein Zimmer, setzte sich auf den Boden vor seinen Fernseher und begann, Videospiele zu spielen. Er glaubte nicht wirklich, dass Pete ihm noch etwas erzählen würde, aber ein paar Stunden später kam Pete tatsächlich herein und setzte sich auf Chucks Bett. Seine Augen waren blutunterlaufen und die Wange über dem Jochbein angeschwollen.

Chuck unterbrach sein Spiel und blickte seinen Bruder erwartungsvoll an.

„Gestern bin ich im Biokurs ausgerutscht und hingefallen. Dabei habe ich einen Jungen getreten, und sein Skalpell ist hochgeflogen. Als ich auf dem Boden lag, kam das Skalpell direkt auf mein Auge zugeschossen."

Chuck blieb der Mund offenstehen. „Ist nicht wahr!"

„Ich hab es weggeschlagen, bevor es mich treffen konnte."

Chuck war beeindruckt. „Gute Reaktion."

Einen Augenblick lang wirkte Pete recht zufrieden. „Ja, wenn man so was kann ..."

„Was noch?"

Pete zuckte die Schultern. „Ich wollte beim Schlachter für Mama die Koteletts abholen, und es war niemand da. Also bin ich hinter den Tresen gegangen und habe versucht, jemanden zu finden. Da ist plötzlich ein Hackbeil vom Haken gefallen und hat sich direkt neben mir in den Metzgertisch gebohrt."

„Ach du Scheiße! Das war ja knapp!"

„Ja, irre knapp. Ich meine, würde ich an übernatürliche Sachen glauben, könnte man meinen, dass irgendetwas nicht stimmt. Aber ich glaube nun mal nicht an so was wie ..."

„Flüche?“

Pete runzelte die Stirn. „Bleib auf dem Teppich, Chuck.“

Chuck seufzte. Warum hatte er nur so einen sturen Bruder? „Wie kann man denn so was sonst erklären? Viermal hintereinander ist das passiert? Irgendwas muss es doch sein. Wirklich, Pete.“

„Was immer das war, ich bin damit durch.“ Pete räusperte sich. „Nur falls es daran liegt, dass ich dich zu Foxy geschleppt habe.“ Er streckte Chuck die Hand hin.

Chucks Augen wurden groß, während er seinen Bruder ansah.

Pete hob die Augenbrauen. „Und? Nimmst du an?“

Warum nicht, dachte Chuck. Zögernd griff er nach der Hand seines Bruders und schüttelte sie.

Pete zog die Hand zurück und entschuldigte sich sogar. „Es tut mir leid, dass ich versucht habe, dich zu erschrecken. Das war blöd von mir. Schließen wir Waffenstillstand, okay?“

Chuck lächelte. „Okay, Waffenstillstand. Danke, Pete.“

Pete stand auf. Er war noch immer unsicher auf den Beinen. „Ich gehe wieder ins Bett. Bis später.“

„Bis später“, murmelte Chuck, als sein Bruder aus dem Zimmer ging. Dann begann er nachzugrübeln und durchwühlte seinen Schreibtisch nach einem Notizbuch, in das er etwas hineinschreiben konnte. Vielleicht würde Pete alle seine Ideen abtun, aber es musste eine Erklärung geben. Die musste es einfach geben.

* * *

„Welches Spiel spielst du?“, fragte Pete seinen Bruder von der Tür her. Er hatte den größten Teil des Samstags im Bett verbracht, doch jetzt wollte er aufstehen und ein wenig im Haus herumlaufen. Im Bett zu liegen hatte ihm viel Zeit zum Nachdenken gegeben. Immer wieder war er jeden einzelnen dieser verrückten Vorfälle im Kopf durchgegangen, und das fühlte sich nicht sonderlich cool an.

„Nur ein Indie-Abenteuer. Willst du mal probieren?“

Pete zuckte mit den Schultern und setzte sich im Schneidersitz neben seinem Bruder auf den Boden. Chucks Zimmer sah ganz anders aus als das von Pete. Erstens benutzte Chuck tatsächlich seinen Wäschekorb, statt die Klamotten überall auf dem Boden zu verteilen. Sein Bett war gemacht. Sein Schreibtisch aufgeräumt. Er hatte ein Regal mit Büchern über Außerirdische und Verschwörungstheorien. Und ein paar Poster mit Helden aus der Videospielszene waren säuberlich an die Wand gepinnt.

Chuck erklärte seinem Bruder das Spiel. „Ich bin der Magier und muss alle Zutaten zusammensuchen, um einen Trank zu brauen, der einen bösen Zauberer aufhält. Er hat mein Dorf mit einem Fluch belegt und den muss ich mit meinem Trank brechen, und das Dorf befreien, bevor es zu spät ist.“

„Was passiert, wenn man es nicht rechtzeitig schafft?“, wollte Pete wissen.

„Dann verliere ich die anderen Dorfbewohner für immer. Sie bleiben unter der Herrschaft des bösen Zauberers. Aber das wird nicht passieren.“

Pete grinste. „Du bist gern der Held, oder?“

„Nur so kann man gewinnen. Willst du mitspielen?“

„Klar.“

Chucks Augen leuchteten, als er sich die andere Steuerung schnappte. „Du kannst mein Lehrling sein.“

„Warum bin ich der Lehrling? Warum kann nicht ich der Magier sein und du der Lehrling?“

Chuck schüttelte den Kopf. „Du musst erst noch eine Menge lernen.“

Pete drehte sich um, ihre Mutter lehnte im Türrahmen. Sie lächelte.

„Hey Mama“, sagte Pete.

„Braucht ihr was? Wie wäre es mit Popcorn?“

„Ein bisschen Popcorn könnte nicht schaden. Danke.“

„Und für mich Saft, bitte“, fügte Chuck hinzu.

Pete spielte das Spiel ein paar Stunden lang und ging dann wieder ins Bett. Er musste zugeben, es war schön, dass er sich wieder mit seinem kleinen Bruder vertrug. Nachdem sie sich die Hand gegeben und Waffenstillstand geschlossen hatten, war alles fast wieder wie früher, als sie noch klein gewesen waren. Als sie sich noch keine Sorgen um die Welt machen mussten. Vor dem ganzen Ärger, den Streitereien, der Scheidung. Er musste zugeben, dass er diese Tage vermisste.

Ehe Pete sich versah, war es Sonntagabend und er bereitete sich darauf vor, wieder in die Schule zu gehen. Zu seiner Erleichterung war die Schwellung in seinem Gesicht zurückgegangen. Auch den Verband hatte er von seinem Arm entfernt. Darunter war frischer Schorf über der Wunde zum Vorschein gekommen. Er musste daran denken, wie sein Vater ihn beschuldigt hatte, sich selbst verletzt zu haben. Sicher, der Gedanke, seinen Eltern irgendwie zu entkommen, ging ihm manchmal durch den Kopf, aber nicht so, wie sein Vater dachte.

Pete hatte die meiste Zeit des Tages damit verbracht fernzusehen. Aus dem Haus hatte er sich nicht getraut, weil er Angst vor einem weiteren verrückten Unfall hatte. Und seine Mutter hätte ihn sowieso nicht gehen lassen. Das ganze Wochenende hatte sie ihn im Auge behalten und sich um ihn gekümmert. Vielleicht würde er das nächste Mal nachsichtiger mit ihr sein, wenn sie ihm wieder alle möglichen Sachen aufbürdete.

Wenn es sich bei den Zwischenfällen tatsächlich um Karma handelte, hatte er sich schließlich bei Chuck entschuldigt. Also war diese Sache erledigt und ihm konnte eigentlich nichts mehr geschehen. Doch da war immer noch ein Gefühl in seinem Bauch, als sei ihm übel. Er machte sich ernsthaft Sorgen, dass keineswegs alles vorbei war.

Dass es das vielleicht nie sein würde.

Da klopfte es an der Tür.

„Herein", rief er, und Chuck steckte den Kopf durch die Tür. Normalerweise hätte er ihn angeschrien, aus seinem Zimmer zu verschwinden, doch nach dem Waffenstillstand war alles anders. Auf seinem kleinen Bruder herumzuhacken, machte irgendwie nicht mehr so viel Spaß. Aber das hätte er natürlich nie zugegeben.

„Ja?", fragte Pete.

Mit einem Notizbuch in der Hand kam Chuck herein und schloss die Tür hinter sich. Er fischte seinen Inhalator aus der Hosentasche, nahm einen Atemzug und steckte ihn wieder weg.

„Wie geht es dir?“, fragte er Pete.

„Ganz okay, denke ich.“

„Bist du bereit, morgen wieder in die Schule zu gehen?“

„Ja, klar.“

Chucks Zahnspange blitzte auf, als er lächelte, und er fuhr sich mit der Hand durchs Haar. „Wollte ich nur wissen.“

„Was willst du mit dem Notizbuch?“

„Ich habe da übers Wochenende an etwas gearbeitet, seit du mir von den Unfällen erzählt hast.“ Chuck ging zu Pete, schlug das Notizbuch auf und zeigte ihm eine Art handgemaltes Diagramm. Fünf Kästen waren in einem Kreis angeordnet mit Pfeilen, die von einem zum anderen deuteten. Ganz oben befand sich ein Kasten, der hieß FOXY DER PIRAT. Die anderen Kästen waren beschriftet mit BIOKURS, SCHLACHTEREI, BAUSTELLE und SEE. Der letzte Pfeil deutete wieder auf FOXY DEN PIRATEN.

„Was soll das sein?“, wollte Pete wissen.

„Das bedeutet, ich glaube, der Ausgangspunkt – wo alles begann – war in der Werkstatt bei Foxy.“

„Ja, das haben wir doch schon besprochen.“

„Von da an hat jeder einzelne verrückte Unfall zum nächsten geführt, und damit das alles vorbei ist, musst du wieder an den Ausgangspunkt zurückgehen und in Ordnung bringen, was du da getan hast.“

„Das habe ich schon. Ich habe mich für den blöden Streich entschuldigt, okay? Jetzt sollte doch alles wieder gut sein. Du verzeihst mir doch, oder?“

„Ja, wir sind Brüder. Natürlich verzeihe ich dir“, antwortete Chuck. „Aber in allen Spielen, die ich bisher gespielt habe, muss man sich dem Bösewicht stellen. Genau wie bei dem Spiel, das wir gestern Abend gespielt haben. Der Magier musste am Ende gegen den bösen Zauberer kämpfen, um das Dorf mit dem Trank befreien zu können.“

Pete rang sich ein Lachen ab, während sein Magen sich vor Angst verknotete.

„Welcher Bösewicht? Foxy, der Roboter?“

„Vielleicht ... aber ... was genau ist passiert, als ich an dem Tag da rausgelaufen bin?“

Pete schaute wieder auf seinen Fernseher, wo ein Actionfilm lief. „Nichts. Foxy hat ein Lied gesungen, und dann bin ich gegangen. Das war’s.“

Du kannst ein Pirat werden, aber zuerst musst du ein Auge und eine Hand verlieren!

Petes Herzschlag beschleunigte sich, als ihm die Worte durch den Kopf gingen.

„Was war das für ein Lied, Pete?“

Er schüttelte den Kopf. „Irgendein dämliches Lied darüber, wie man Pirat wird.“

„Wie war der Text *genau*?“

„Wen interessiert der Text?“

„Mich. Bitte, Pete, das ist wichtig.“

„Gut. Also wenn man Pirat werden will ... muss man ein Auge und eine Hand verlieren. Siehst du? Völlig dämlich!“

Chuck leckte sich über die trockenen Lippen. Dann griff er sich einen Stift von Petes unordentlichem Schreibtisch und begann zu schreiben.

„Was tust du?“

„Warte eine Sekunde.“

Nach einer Minute gab er Pete das Notizbuch. Er hatte noch etwas unter die Kästen geschrieben.

FOXY DER PIRAT: Piratenlied. Auge verlieren. Hand verlieren.

BIOKURS: Fast Auge verloren.

SCHLACHTEREI: Fast Hand verloren.

BAUSTELLE: Fast Hand verloren.

SEE: Fast Auge verloren.

Pete schüttelte den Kopf. „Nein“, murmelte er, und begann zu zittern. „Du irrst dich.“

„Die Fakten kannst du nicht ignorieren, Pete. Foxy will, dass du Pirat wirst, und die Unfälle werden immer gefährlicher.“

„Nein!“, schrie Pete. „Foxy ist ein verdammter Roboter! Er ist aus Metall und funktioniert über Zahnräder.“ Schnell riss er die Seite des Notizbuches heraus und begann, sie in kleine Stücke zu reißen. „Das hast du dir in deinem verdrehten Gamerhirn ausgedacht. Es ist nicht real.“

„Pete, hör auf!“

„Halt die Klappe! Verschwinde einfach aus meinem Zimmer!“ Er schubste seinen Bruder weg und warf ihm das Notizbuch nach.

Erschrocken stolperte Chuck zurück, und sein Gesicht wurde ganz rot. „Ich versuch doch nur, dir zu helfen.“

Mit ausgestrecktem Zeigefinger deutete Pete auf Chuck. „Nein, du versuchst, mir Angst einzujagen, weil ich dich schon so oft erschreckt habe. Bei dir geht es immer ums Gewinnen, richtig? Aber das hier ist kein Spiel, bei dem du gewinnen kannst!"

„Das weiß ich. Ich versuche nicht zu gewinnen. Ich versuche herauszufinden, was hier los ist."

Ihre Mutter erschien in der Tür. „Jungs, was soll das Geschrei? Was ist hier los?"

„Sag Chuck, diesem Trottel, er soll aus meinem Zimmer verschwinden!"

„Nenn mich nicht so, du Frankenstein-Gesicht!"

Pete rümpfte angewidert die Nase. „Oh, du hast nur auf eine Gelegenheit gewartet, mir das an den Kopf zu werfen, oder? Das wirst du mir büßen! Der Waffenstillstand ist offiziell aufgehoben!"

„Von mir aus! Du kannst dir deinen dämlichen Waffenstillstand sonstwohin schieben!"

„Jungs, beruhigt euch doch!", rief ihre Mutter.

„Ich sagte: *Raus aus meinem Zimmer!*"

„Bin schon weg!" Chuck sammelte sein Notizbuch ein und lief hinaus. Pete drehte seiner Mutter den Rücken zu. Nach einem Moment schloss er mit einem übertriebenen Seufzer die Tür.

Pete war so unglaublich wütend, dass er anfing zu weinen.

* * *

Wieder und wieder wälzte Pete sich im Bett hin und her, denn er war hellwach. Sein Pyjama war ihm zu warm, seine Bettdecke zu schwer. Im Zimmer war es dunkel, bis auf das Mondlicht, das durch den Vorhang hereindrang. Als er zum Fenster starrte, glaubte er, etwas Dunkles hinter dem Stoff zu erkennen.

Pete stand auf, ging zum Fenster und schob den Vorhang beiseite. Im Vorgarten war alles ruhig. Am Bordstein parkte ein Auto. Eine Reihe Bäume säumte die Straße. Nichts Ungewöhnliches. Er rollte die Schultern, um seine Anspannung zu lösen, dann ging er zurück ins Bett. Er schlug ein paar Mal auf sein Kissen, um es sich bequem zu machen. Dann starrte er an die Decke und starrte und starrte.

Es war sinnlos, er konnte immer noch nicht einschlafen.

Die Zeit verrann. Da merkte er, dass er wieder zum Fenster blickte.

Steh nicht auf. Sieh nicht hin.

Aber er konnte sich einreden, was er wollte – irgendetwas war seltsam. Zwar war er allein im Zimmer, aber er hatte das Gefühl, beobachtet zu werden. Was natürlich völlig dämlich war. Seufzend stand er auf und ging wieder zum Fenster, wo er den Vorhang erneut zur Seite zog. Er wollte gerade zurück ins Bett gehen, als er hinter den Bäumen eine Bewegung wahrnahm. War da jemand?

Petes Herz raste.

Er rieb sich die Augen, blinzelte und versuchte auszumachen, ob sich dort tatsächlich etwas bewegte – aber da war nichts. Sein Verstand spielte ihm einen Streich. Er war offenbar schon paranoid! Er holte tief Luft und atmete aus. Wahrscheinlich war es nur der Wind, der durchs Geäst wehte. Mit beiden Händen rieb er sich durchs Gesicht. Dann legte er sich wieder ins Bett. Der Wind heulte draußen, und irgendwie beruhigte ihn das ein wenig.

Dann knarrte das Gartentor.

Es musste sich durch den Wind gelöst haben … oder nicht? Um sicherzugehen, lauschte Pete genau. Eine Eule schrie. Eine Tür knarrte. Eine Sekunde später richtete Pete sich ruckartig auf. Sein Herz hämmerte. War das Knarren aus dem Haus gekommen? Er schlich zu seiner Zimmertür und öffnete sie langsam. Mit den Augen suchte er den Korridor ab. Doch da war niemand.

Allmählich machte er sich wirklich verrückt. Seine Mutter und Chuck schliefen. Sonst war niemand im Haus. *Geh einfach schlafen!*, sagte er zu sich. Er stapfte zurück zum Bett, stieg hinein und zwang sich, die Augen zu schließen.

Er dachte, er hätte einen Schritt gehört.

Geh einfach schlafen.

Vor seiner Tür knarrte der Fußboden, und Pete lief ein Schauer über den Rücken.

Sonst ist niemand hier.

Er sagte sich, dass das alles nur Einbildung war, aber irgendwie schien sich die Luft um ihn herum zu bewegen. Er bekam eine Gänsehaut und konnte sein Unbehagen nicht mehr leugnen.

Als er die Augen wieder öffnete, beugte sich Foxy über ihn! Pete stockte der Atem. Er fühlte sich wie gelähmt. Er konnte nicht sprechen.

Foxys gelbe Augen glühten in der Dunkelheit. Sein Maul stand offen, die scharfen Zähne blitzten. Foxy hob seinen Haken und ließ ihn vor Petes Gesicht niederfahren, die gefährliche Spitze zischte direkt an seiner Nase vorbei. Pete rollte sich vom Bett. Er zitterte am ganzen Körper. Sein Magen krampfte sich zusammen, als er hilflos am Boden lag und Foxy neben ihm aufragte. Servomotoren jaulten, als Foxy erneut mit dem Haken ausholte.

Du kannst ein Pirat sein, aber zuerst musst du ein Auge und eine Hand verlieren.

„Nein", keuchte Pete.

Als Foxy seinen Haken in Petes Auge rammte, ertönte ein hörbarer Knall. Blut strömte aus Petes Augenhöhle, während er schrie. Foxys mechanischer Fuß knallte auf seinen rechten Arm, zermalmte den Muskel und knirschte über den Knochen. Vor Schmerz krampfte Pete sich zusammen. Er versuchte, Foxy wegzustoßen. Doch der war zu schwer. Zu stark.

Petes Herz schlug ihm bis zum Hals. Tränen und Blut liefen über sein Gesicht.

Foxys Haken fuhr nach unten und drang in Petes Hand ein. Knochen splitterten und Muskeln rissen, bis die Hand komplett abgetrennt war. Foxy hob seinen Haken in die Höhe und betrachtete Petes blutende Hand, die nun auf dem Haken steckte

Pete schrie wie am Spieß.

* * *

Pete wachte davon auf, dass er in sein Kissen brüllte. Das Atmen fiel ihm schwer. Er rappelte sich auf und schnappte nach Luft. Sein Pyjama klebte ihm schweißnass an der Haut. Sonnenlicht fiel durchs Fenster. Er war zu Hause. In seinem Zimmer. Allein. Er spreizte die Finger beider Hände und sah, dass alles noch dran war. Dann tastete er nach seinen Augen, und auch die waren an ihrem Platz. Er lebte und er konnte sehen. Und sein Körper war noch in einem Stück.

Erleichtert atmete er durch.

Es war nur ein Albtraum gewesen.

Warum hatte er so real sein müssen?

Pete schluckte hart, als sich ihm schon wieder der Magen umdrehte und er zu zittern begann.

Er hatte das Gefühl, als habe er denselben Traum schon einmal geträumt, nur diesmal erinnerte er sich an jedes Detail.

* * *

Mit einer Kapuze über dem Kopf betrat Pete am Montagmorgen die North Hillside High School und starrte auf das riesige Schild, das im Flur hing: FINDE DEINEN SCHATZ AUF HOHER SEE – JAHRMARKT ZU SCHULBEGINN HEUTE IN DER MITTAGSPAUSE. Darunter war ein Piratenkopf gezeichnet, der sagte: *Aye, Captain!* Und statt einer Hand streckte er einen Haken in die Luft.

Beinah hätte Pete sich auf der Stelle umgedreht und wäre wieder nach Hause gegangen. Aber er wusste, wie nervös seine Mutter gewesen war, als sie ihn an der Schule abgesetzt hatte.

„Alles wird gut, Pete", hatte sie gesagt, als wolle sie sich selbst beruhigen.

„Ja, Mama, alles wird gut", hatte er geantwortet. „Mama?"

„Ja, Schatz?"

„Du bist eine gute Mutter."

Sie blinzelte schnell und lächelte. „Danke, Schätzchen, das macht mich sehr glücklich."

Die Wahrheit war, dass er hoffte, alles würde gut werden. Eigentlich wollte er nur, dass alles wieder so wurde wie früher – mit langweiligen Stunden und unnötigen Tests, und er würde sich dann auch gern um seinen kleinen Bruder kümmern. Wenn es nach ihm ginge, konnte nun alles vorbei sein, und er begriff auch, dass sein Leben selbst dann gut laufen würde, wenn seine Eltern nicht mehr zusammen waren. Seine Eltern liebten ihn und Chuck, auch wenn sie sich oft mit ihren eigenen Sorgen herumschlugen und ihren Verpflichtungen nachgehen mussten. Er hatte ein schönes und gemütliches Zuhause. Ein paar Freunde. Er gehörte nicht zu den Kindern, die es verstanden, die Highschool für sich zu nutzen, aber er würde das alles irgendwie durchstehen.

Er ging weiter den Flur entlang und betrachtete die Poster an den Wänden. Überall waren Piratenschiffe, Papageien, Totenköpfe und die Piraten selbst zu sehen. Die Schülervertretung hatte sich für die Woche des Schulbeginns nach den Ferien schon immer sehr ins Zeug gelegt.

Er spürte, wie die anderen sein Gesicht anstarrten, aber er versuchte, nicht darauf zu achten, während sie flüsterten und auf ihn zeigten. Er ging zu seinem Spind und öffnete das Zahlenschloss, wobei er einem Kind in einem Piratenkostüm und mit einer Augenklappe aus dem Weg zu gehen versuchte. Er nahm ein paar Hausaufgaben, die er längst hätte abgeben müssen, aus seinem Rucksack und legte sie in den Spind, dann nahm er sein Biologiebuch für die erste Stunde heraus.

„Alter, was ist mit deinem Gesicht passiert?", fragte ihn Duncan Thompson. Duncan war Petes Spindnachbar, ein kleiner, stämmiger Kerl mit einem quadratischen Schädel – sie hatten früher zusammen Football gespielt. Für seine Version des Schulgeistes hatte er sich Totenköpfe und gekreuzte Knochen auf beide Wangen gemalt.

Pete zuckte mit den Schultern und schloss seinen Spind. „War ein Angelunfall. Kein großes Ding."

„Wie das denn? Hast du ein Messer abgekriegt?"

Pete wollte nicht ins Detail gehen. „So was in der Art."

„Sieht echt krass aus. Als hätte sich jemand mit dir anlegen wollen. Weißt du, was ich meine?"

Pete hob einen Mundwinkel und grinste. „Wie cool."

„Ich werde dich in dieser Woche beim Eröffnungsspiel vermissen, Alter. Du hättest auf dem Platz ziemlich einschüchternd gewirkt, so mit einer frischen Narbe im Gesicht."

„Ja, danke", erwiderte Pete.

Duncan lächelte und streckte ihm die Faust entgegen. Peter stieß mit seiner dagegen.

Er wandte sich von seinem Spind ab und fühlte sich ein wenig besser. Er ging aufrecht, als die Leute ihn beobachteten, und er ignorierte die dämliche Piratendekoration und all die Kostüme. Ja, er hatte auf einmal so ein Gefühl, das zu sagen schien: *Leg dich bloß nicht mit mir an.* Und es gefiel ihm.

* * *

Während des Unterrichts an diesem Morgen ging für Pete alles glatt. Er wagte es nicht, von seinem Platz aufzustehen, und er hielt sich von jeglichen scharfen Gegenständen fern. Als die Schulglocke zur Mittagspause läutete, fühlte er sich erstaunlich gut. Als sei diese Serie verrückter Unfälle tatsächlich beendet. Jetzt musste er es nur noch bei seinem kleinen Bruder wieder gutmachen …

Das Schlimmste war eigentlich, dass er es bereits wieder gutgemacht hatte, und Chuck dann doch wieder angebrüllt und aus seinem Zimmer geworfen hatte. Er wollte einfach nicht glauben, was Chuck zu glauben schien – dass noch nicht alles vorbei war. Dass er sich Foxy noch einmal stellen musste.

Pete zitterte. Er würde sich bei Chuck entschuldigen und ihren Waffenstillstand wieder herstellen. Und Chuck würde es verstehen, da war er sich ziemlich sicher. Sein kleiner Bruder schien leicht verzeihen zu können. Pete war wirklich bereit, ganz neu anzufangen, wie seine Mutter manchmal zu sagen pflegte. Er hatte nie wirklich verstanden, was sie damit meinte. Bis jetzt.

Die Sonne schien, als er auf den Schulhof hinaustrat, wo gerade die Kirmes stattfand. Essensstände und Spiele waren aufgebaut. Kinder liefen herum und aßen Zuckerwatte und anderes ungesundes Zeug. Es gab einen Wassertank, in dem man den stellvertretenden Rektor Mr. Sanchez versenken konnte, einen Wettbewerb im Kuchenessen, einen Tisch fürs Armdrücken, ein Wasserpistolenrennen und vieles mehr. Ein DJ legte Musik auf und verschenkte T-Shirts. Pete streifte seine Kapuze ab und schlenderte ein wenig herum, in der Hoffnung, etwas Gutes zum Essen zu finden. Nicht lange nachdem er angefangen hatte, sich ein wenig umzusehen, traf er Maria.

Sie arbeitete an einem Stand. „Oh, hi Pete!“, begrüßte sie ihn. Sie trug ein rotes Halstuch um den Kopf und große runde Ohrringe. „Hoppla, was ist denn mit dir passiert?“ Sie zeigte auf ihre eigene Wange.

„Hi Maria.“ Pete zuckte mit den Schultern. „War ein blöder Angelunfall.“

„Autsch, das ist ja Scheiße. Mir scheint es, als wärst du nicht oft in der Schule gewesen.“

Pete hob die Augenbrauen. Das war ihr aufgefallen? „Äh … ja. Es ist einiges los. Aber alles in Ordnung.“

Sie nickte, als ob sie verstanden hätte. „Und, willst du was gewinnen? Du musst nur deine Hand in diese Box stecken, dann wirst du sehen, was du bekommst.“ Mit dem Kopf deutete sie auf einen großen Tisch mit einem Loch in der Mitte.

Pete schob die Hände in die Taschen seiner Jeans. „Nein, schon gut. Alles cool.“

Sie lächelte. „Komm schon, es ist doch nur Spaß. Willst du keinen Preis gewinnen?"

Petes Magen zitterte, als er seine rechte Hand doch aus der Hosentasche zog und sie zur Faust ballte. Das ganze verrückte Zeug war vorbei, sagte er sich eindringlich. Ihm konnte nichts mehr passieren.

„Klar möchte ich das." Zögernd steckte er die Hand in das Loch, und nach ein paar Sekunden war sie von irgendetwas umschlossen. „Was ist das?"

Maria stieß ein kleines Lachen aus. „Was hast du bekommen?" Er wollte seine Hand zurückziehen, aber sie blieb stecken. Er zog stärker, und der Griff um seine Hand wurde ebenfalls fester. Schweiß trat ihm auf die Stirn. Pete zerrte nun so heftig, dass er den Tisch vom Boden abhob.

„Pete, hör auf! Du wirst noch den Tisch kaputtmachen!", rief Maria.

„Meine Hand steckt fest!"

„Ich weiß, Pete, beruhig dich." Maria klopfte auf den Tisch. „Okay, hör auf! Ich habe gesagt, du sollst aufhören!"

Plötzlich bekam Pete die Hand aus dem Loch. An ihr hing etwas, das aussah wie eine chinesische Fingerfalle, nur war sie groß genug, um seine ganze Hand zu umschließen. Ungläubig starrte Pete das Ding an. Je stärker er gezogen hatte, desto fester hatte die Falle seine Hand umklammert.

Maria wirkte schuldbewusst. „Es tut mir leid, Pete, das ist nur ein Streich, den wir den anderen spielen. Du weißt schon, nur ein kleiner Witz zum Schulbeginn. Bisher fanden es alle lustig."

„Ich bin nicht alle“, fuhr er sie an.

Ein Junge steckte seinen Kopf aus dem Loch im Tisch. Er hatte eine Igelfrisur und einen Nasenstecker. „Alter, entspann dich. War doch nur ein Witz.“

Pete wusste nicht, was er sagen sollte. Er war viel zu entsetzt. „Nicht cool!“, stammelte er, und versuchte, die Falle von seiner Hand zu ziehen. Irgendwie zog sie sich aber nur noch fester zu und schnürte ihm das Blut ab. Er schluckte. Sie fühlte sich an, als würden winzige Messer in seine Haut schneiden. „Nimm das Ding ab!“

„Warte, ich helfe dir. Ich weiß, wie das geht.“ Maria kam um den Tisch herum und drückte die Falle noch enger um seine Hand zusammen, damit sie sich endlich löste. „Tut mir leid, dass du dich so aufgeregt hast.“

„Schon gut. Nimm sie einfach nur ab“, sagte er am Rande der Selbstbeherrschung.

„Ich versuch’s ja, okay? Irgendwie klemmt das Ding. Warte eben.“ Sie lief zurück hinter den Stand, um etwas zu holen.

Die Falle klemmte nicht nur, sondern zog sich fester und fester zusammen. Seine Hand begann vor Schmerz zu pochen. *Nicht schon wieder*, war alles, was er denken konnte.

„Hey“, jammerte der Junge unter dem Tisch. „Schneid sie nicht auf. Dann können wir sie nicht mehr benutzen.“

Maria kam mit einer Schere zurück. „Das muss ich aber, sie lässt sich nicht lösen.“ Sie schnitt vom offenen Ende der Falle aus, bis seine Hand schließlich freikam.

Petes Haut hatte sich komplett lila verfärbt, und seine

Hand war völlig gefühllos. Er öffnete und schloss die Finger, um die Durchblutung wieder in Gang zu bringen.

Maria bekam große Augen. „Ach du meine Güte, Pete! Das tut mir so leid! Ich kann nicht glauben, dass das passiert ist. Was für ein verrückter …"

„Sag es nicht", unterbrach er sie. „Ihr hättet das einfach nicht machen sollen. Du hättest nicht versuchen sollen, mich hereinzulegen. Ich dachte, zwischen uns sei alles cool."

„Das ist es auch …" Als sich ihre Wangen röteten und sie den Kopf senkte, bekam Pete einen Kloß in der Kehle. „Ich habe mich doch entschuldigt, Pete."

„Ach, was soll's. Ist ja kein großes Ding. Ich muss jetzt los." Dann, bevor sie noch etwas sagen konnte, stürmte er davon und versuchte, sich wieder zu beruhigen, während er weiter seine Hand rieb. Was für ein dämlicher Scherz. Das war doch überhaupt nicht lustig. Und es war schon wieder so ein verrückter Unfall. Er schluckte hart, als sich seine Kehle noch weiter zuschnürte. Noch mehr Unfälle würde er nicht verkraften können. Er konnte es einfach nicht, sonst würde er den Verstand verlieren.

Plötzlich umringte ihn ein Haufen Kinder wie eine Viehherde und zog ihn mit sich in ein Spiegellabyrinth.

„Hey, passt auf!", rief er. Er versuchte, sich aus der Meute zu befreien, aber es waren zu viele. Schließlich drückte er sich einfach an die Wand, während sie lachend und rufend an ihm vorbeizogen.

„Alter, guck mal, da sind ungefähr zwanzig von uns in den Spiegeln!", rief bald jemand.

Pete versuchte, durch den Eingang wieder nach draußen zu gelangen, aber irgendwie hatte er sich in dem verdammten Spiegellabyrinth bereits verlaufen. Er ging in die entgegengesetzte Richtung, um direkt zum Ausgang zu gelangen. Stattdessen fand er sich jedoch in einer Sackgasse wieder, und in einem der Spiegel erschien ein Pirat, mit einem Hut, der sein Gesicht verdeckte und mit einem tödlichen Haken an einem Arm. Als er schließlich den Hut zurückschob, konnte Pete erkennen, dass der Pirat das Gesicht eines Fuchses hatte. Pete zuckte zusammen. Er blickte hinter sich, weil er dachte, dort müsse der Pirat stehen, doch er blickte nur in einen weiteren Spiegel.

Sein Herzschlag beschleunigte sich, und er dachte nur noch: *Ich muss hier raus.*

Er schlängelte sich durch die engen Gänge, und versuchte den Ausgang zu finden. In jedem Spiegel, an dem er vorbeikam, erschienen der als Pirat verkleidete Fuchs und sein eigenes Spiegelbild. Wenn Pete rannte, rannte der Fuchs. Schweiß rann Pete übers Gesicht. Er wusste nur, dass der Pirat ihn nicht zu fassen bekommen durfte.

Als Pete endlich das Licht am Ende eines kleinen verspielten Korridors sah, keuchte er bereits schwer. Doch bevor er dorthin gelangen konnte, sprang ihm der Fuchspirat in den Weg und hob seinen Haken.

Instinktiv holte Pete aus und schlug dem Fuchspiraten auf die Nase.

Der Pirat wankte zurück und presste eine Hand auf seine Nase, während Pete aus dem Labyrinth stürzte.

Kurz darauf stand er wieder auf dem Jahrmarkt und

hyperventilierte praktisch. Er war unsicher auf den Beinen und schwankte, als sei er gerade aus einem Karussell gestiegen. Die Kinder um ihn herum lachten und starrten ihn an, während immer wieder die gleichen Fragen in seinem Kopf kreisten: Wohin soll ich gehen? Was soll ich tun?

Er wich einen Schritt zurück und stieß mit jemandem zusammen. Er wirbelte herum und sah einen Clown mit einem Piratenhut vor sich. Der Clown winkte, aber Pete schubste ihn zur Seite, rannte auf ein Zelt zu und schlüpfte durch eine Öffnung zwischen den schweren Planen. Er musste unbedingt weg von diesem Jahrmarkt, aber er war so durcheinander, dass er nicht wusste, wohin er laufen sollte. Und dann fand er sich in einer Bude wieder, in der mehrere Luftballons an eine Wand gepinnt waren.

Ein Dartpfeil flog auf ihn zu und streifte ihn an der Wange. Den nächsten schlug er mit der Hand weg.

Jemand rief: „Hey, da ist ein Junge!"

Pete selbst wollte gerade rufen, dass sie aufhören sollten zu werfen, aber es war zu spät. In dem Moment traf der Pfeil – und blieb neben seinem Augenwinkel in der Haut stecken.

Er schrie vor Schmerz.

Kinder schnappten nach Luft. Jemand schrie.

Pete hob die Hand und zog langsam den Pfeil heraus. Blut lief als kleines Rinnsal über sein Gesicht. Er warf den Pfeil zu Boden und sprintete wieder aus dem Zelt. Dann rannte er in ein anderes. Dort waren exotische Vögel in Käfige gesperrt. Sie zwitscherten und kreischten.

Ein Papagei schrie: „*Verlier ein Auge! Verlier eine Hand!*"

Pete blieb stehen und wirbelte zu dem Vogel herum. Er zitterte am ganzen Körper. „Was hast du gesagt?"

Der Papagei krächzte nur. Er war leuchtend grün und hatte einen schwarzen Schnabel. Er schlug mit den Flügeln und kreischte erneut.

Pete griff nach dem Käfig und schüttelte ihn. Federn wirbelten durch die Luft. Alle Vögel in dem Zelt fingen an verrückt zu spielen. „Was hast du gesagt, du dämlicher Vogel? Foxy, bist du da drin?" Nein, für Foxy wäre es ziemlich sinnlos gewesen, in dem Vogel zu sitzen, aber das war Pete egal. Seit wann ergab hier überhaupt irgendetwas einen Sinn? Was auch immer geschah, es geschah mit ihm, und er hatte genug davon. „Du wirst nicht gewinnen! Hast du mich verstanden? Du. Wirst. Nicht. Gewinnen."

„Hey Junge, ganz ruhig!" Jemand packte Pete an der Schulter und drehte ihn zu sich herum. „Was ist los mit dir?"

Pete wich vor dem Mann zurück. Es war ein Lehrer. Er hieß Mr. Berk oder so ähnlich. „Nichts ist los." Pete wischte sich den Schweiß von der Stirn und das Blut von der Wange. „Gar nichts."

Nichts, außer einer ganzen Kette von völlig verrückten Unfällen, bei denen er ein Auge oder eine Hand hätte verlieren können. Nichts, außer einem Roboterfuchs, der wollte, dass er Pirat wurde – oder starb –, was auch immer zuerst kam. Chuck musste recht haben. Er würde sich Foxy stellen müssen, um die Sache ein für alle Mal zu beenden.

Mr. Berk streckte eine Hand aus. „Du siehst nicht besonders gut aus. Du hast Blut am Auge. Gehen wir zur Schulschwester, damit sie sich das mal ansieht."

Pete wich zurück. „Nein! Mir geht's gut!", beharrte er.

„Okay, immer mit der Ruhe. Was ist mit deiner Wange passiert?"

„Mit mir ist viel zu viel passiert." Pete schüttelte nur den Kopf. „Zu viel." Wie sollte er das alles erklären?

„Ich will dir nur helfen", sagte Mr. Berk. „Wie heißt du?"

„Nein, Sie können mir nicht helfen. Niemand kann das. Er ist hinter mir her, und er wird niemals aufgeben. Ich glaube ihm jetzt. Ich dachte, ich könnte die Sache in Ordnung bringen, indem ich mich entschuldige." Pete lachte bitter. „Ja, witzig, was? Als ob eine einzige Entschuldigung schon jemals etwas bewirkt hätte. Aber versuchen musste ich es ja, oder?"

„Wer ist hinter dir her, Junge? Wie ist sein Name? Wir können uns mit dem Rektor zusammensetzen. Das lässt sich alles klären. Du musst dich nur zuerst beruhigen. Atme mal tief durch."

„Sie verstehen das nicht! Sich zusammensetzen und reden funktioniert da nicht! Er ist ein verdammter Roboter!"

Mr. Berk machte große Augen. „Ein Roboter? Hilf mir, das zu begreifen. Setzen wir uns einen Moment. Du kannst mit mir reden, okay? Manchmal halten wir die Dinge für schlimmer, als sie es tatsächlich sind. Aber sobald wir mal das große Ganze betrachten, ist es überhaupt nicht so wild. Glaub mir, Junge. Das passiert ständig."

„Nein, es ist schlimm. Sehr schlimm sogar. Aber ich weiß jetzt, was ich zu tun habe. Bald ist alles vorbei. Ich muss noch einmal zu der Stelle zurückgehen, wo alles begonnen hat. Ich muss mich dem Bösen stellen.“ Und bevor der Lehrer ihn aufhalten konnte, war Pete davongelaufen.

* * *

Schweißgebadet rannte Pete den Schulkorridor entlang. Ein Wachmann rief ihm etwas nach, aber Pete ignorierte ihn. *Ich muss da raus. Ich muss es beenden.* Als er die Türen aufstieß und noch einen Blick über die Schulter warf, sah er, wie der Wachmann in sein Funkgerät sprach.

Pete verpasste eine der Stufen und er fiel den Rest der Eingangstreppe hinunter. Seine Knie und seine Handflächen waren danach aufgeschürft, und er würde am ganzen Körper blaue Flecken bekommen, aber er zwang sich zurück auf die Beine, um weiterzulaufen.

Während er über den Rasen der Schule rannte, zog er sein Handy aus der Tasche, rief Chucks Nummer auf und wählte. Er landete direkt auf der Mailbox, weil Chuck immer noch im Unterricht saß.

„Chuck!“, keuchte Pete in sein Telefon. „Du hattest recht! Es war die ganze Zeit Foxy. Ich muss zurück und mich ihm stellen! Es passieren immer noch völlig verrückte Sachen, aber Foxy wird auf keinen Fall gewinnen, Chuck. Auf keinen Fall, verdammt! Es tut mir leid, dass ich dir nicht geglaubt habe, kleiner Bruder! Wir treffen uns dort, sobald du kannst! Wir können das gemeinsam zu Ende bringen!“

In blinder Panik stürzte Pete vom Bürgersteig auf die Straße. Er spürte, wie etwas auf ihn zuraste, und er fuhr herum – da krachte auch schon ein Lastwagen mit voller Wucht gegen ihn. Er flog durch die Luft, seine Glieder wurden haltlos durch die Gegend geschleudert, und dieser kurze Moment fühlte sich wie eine Ewigkeit an. Dann schlug er hart auf der Straße auf. Er spürte, wie etwas laut knackend in ihm zerbarst. Er rollte weiter, riss sich die Haut auf und zog eine Blutspur hinter sich her. Der Schmerz war überall. Dann wurde es dunkel.

* * *

Chuck! Du hattest recht! Es war die ganze Zeit Foxy. Ich muss zurück und mich ihm stellen! Es passieren immer noch völlig verrückte Sachen, aber Foxy wird auf keinen Fall gewinnen, Chuck. Auf keinen Fall, verdammt! Es tut mir leid, dass ich dir nicht geglaubt habe, kleiner Bruder! Wir treffen uns dort, sobald du kannst! Wir können das gemeinsam zu Ende bringen!

Chuck schaltete sein Telefon aus, warf einen Blick über die Schulter und sprang flink über den Zaun seiner Realschule. Dann rannte er los.

Er musste zu Freddy Fazbear’s Pizzeria. Er musste Pete helfen.

Mit den Armen holte er kräftig Schwung, um außer Sichtweite der Schule zu kommen. Als er glaubte, das geschafft zu haben, zog er seinen Inhalator aus der Tasche, nahm zwei tiefe Züge und ging langsam weiter, bis er wieder zu Atem gekommen war. Er hatte noch ein paar Kilometer vor sich. Wenn er nur sein Fahrrad gehabt hätte, doch das hatte er nicht, aber er würde Pete nicht im Stich lassen. Auf keinen Fall würde er ihn allein gegen Foxy antreten lassen.

Chuck begann wieder zu laufen, doch das hielt er nicht lange durch. Er war kein guter Sportler. Er konnte zwar rennen, aber immer nur auf kurzen Distanzen – bei den längeren Strecken im Sportunterricht schnitt er jedes Mal schlecht ab.

Er blickte sich um und versteifte sich, als er ein Polizeiauto sah. *Oh nein!* Er schlüpfte in einen Donutladen und wartete, bis der Streifenwagen vorbeigefahren war. Er war es nicht gewohnt, die Regeln zu brechen und die Schule zu schwänzen. Es war das erste Mal, dass er so etwas tat. Was würde passieren, wenn er aufflog? Würde er Stubenarrest bekommen? Pete würde ihn wahrscheinlich auslachen, weil er so viel Angst hatte. Aber das war okay. Pete konnte ihn auslachen, soviel er wollte, wenn erst mal alles vorbei war.

Als er bei Freddy Fazbear's Pizzeria ankam, war Chuck außer Atem, und sein Hemd klebte ihm am Rücken. Erleichtert schob er sich durch die Eingangstür, denn im Innern war alles angenehm kühl klimatisiert. Kleine Kinder rannten herum, während er sich auf den Weg zu dem Korridor machte, der zu der Werkstatt führte. Doch vor dem Durchgang stand eine Art Manager. Verdammt. Chuck hüpfte von einem Fuß auf den anderen, während er darauf wartete, dass der Mann sich entfernte. Er tat so, als würde er ein Arcade-Game spielen, bis der Mann schließlich davonging.

Langsam schlenderte Chuck hinüber zu der Tür, schlüpfte hindurch und rannte den Korridor entlang, bis er die Werkstatt erreichte. Als er die Tür aufstieß, lag dahinter absolute Dunkelheit. Er gab sich einen Ruck und ging hinein, da schlug die Tür hinter ihm zu.

Chuck schluckte schwer.

Die Angst verschlang ihn geradezu, aber er griff nach seinem Telefon und schaltete das Licht darin ein.

„*Hicks!*"

Chuck schlug sich eine Hand vor den Mund, um den dummen Schluckauf zu stoppen. Er ließ den Lichtstrahl seines Telefons nach links und dann nach rechts gleiten. Weder konnte er verrückte Geister noch irgendwelche Roboter entdecken. Er holte seinen Inhalator aus der Tasche und nahm einen schnellen Zug, während er sich weiter umsah. Es standen immer noch dieselben staubigen Tische voller Kartons herum und die kaputten Stühle. Genau wie bei ihrem ersten Besuch. Aus irgendeinem Grund hatte er das Gefühl, als sei das bereits Wochen her.

„Pete", flüsterte er. „Wo bist du? *Hicks!*"

Als keine Antwort kam, fragte sich Chuck, ob Pete ihn wohl wieder erschrecken wollte. Doch dann schob er den Gedanken beiseite. In seiner Voicemail hatte Pete sehr aufgeregt geklungen. Er war offenbar verletzt worden und glaubte nun endlich Chucks Theorie, dass alles mit Foxy begonnen hatte. Endlich waren sich die beiden mal einig. Jetzt behandelte Pete ihn wie einen echten Bruder anstatt wie ein Problem, mit dem er sich jeden Tag herumschlagen musste.

„Pete? Bist du hier?“

Wieder war die Antwort nur Schweigen, und Chuck wählte die Nummer seines Bruders. Aber es klingelte und klingelte und schließlich meldete sich nur die Mailbox.

„Pete, wo bist du? *Hicks*! Ich bin hier bei Foxy und warte auf dich. Ruf mich an. Oder beeil dich einfach und komm her. Du weißt, dass ich mich hier sehr unwohl fühle. *Hicks! Hicks!*“

Chuck beendete die Verbindung und ging ein paar Schritte vor, um das Licht des Telefons auf die kleine Bühne zu richten. Ein Schauer überlief ihn und er fröstelte unwillkürlich. Sein Instinkt sagte ihm, sich von der Bühne fernzuhalten. Am besten den Raum zu verlassen. Aber das konnte er nicht. Hier ging es nicht um seine eigenen Ängste. Es ging um seinen Bruder.

Er schluckte schwer, dann ging er zu dem Schaltkasten hinüber. Er würde herausfinden, was an diesem Tag mit Pete passiert war. Er musste unbedingt wissen, ob Foxy seinen Bruder irgendwie verfolgte. Seine Hand schwebte gerade über dem Startknopf, als sein Telefon klingelte. Er zuckte zusammen. *„Hicks! Hicks! Hicks!“* Schnell nahm er das Gespräch an. „Pete?“

„Nein, mein Sohn, ich bin’s, Papa. Wo steckst du? Ich war in der Schule, um dich abzuholen, aber du warst nicht da.“

Chuck hatte plötzlich Angst, Ärger zu bekommen, weil er geschwänzt hatte. Seine Kehle wurde eng. „Äh … es tut mir leid, Papa. *Hicks!* Pete hat mich gebraucht. Ich musste weg. *Hicks!* Ich mach es auch nie wieder. Ich versprech es dir."

„Pete? Was soll das heißen? Hast du mit ihm gesprochen?"

„Äh … nicht wirklich. Er hat mir eine Nachricht hinterlassen, dass ich ihn treffen soll. Aber er ist noch nicht hier. Ich weiß nicht, wo er ist. Er geht nicht ans Telefon. *Hicks!*"

„Oh, mein Junge …" Er verstummte.

„Was? Was ist los, Papa?" Kaltes Entsetzen machte sich in ihm breit. „Warum wolltest du mich von der Schule abholen? *Hicks!*"

„Chuck … es hat einen Unfall gegeben."

* * *

Sein Vater holte Chuck bei Freddy Fazbear's Pizzeria ab und fuhr schneller als sonst zu Petes Highschool. Er stellte keine Fragen, warum Chuck seinen Bruder dort hatte treffen wollen. Er sagte nur, ihre Mutter sei direkt zur Schule gefahren, als sie den Anruf bekam, dass Pete von einem Lkw angefahren worden sei.

„Erzähl deiner Mutter im Moment nichts davon, dass du die Schule geschwänzt hast", meinte sein Vater. „Sie hat erst mal genug um die Ohren."

Chuck spürte das schlechte Gewissen wie einen Schlag in die Magengrube. „Okay, Papa. Du musst wissen, das habe ich nur für Pete getan. Sonst würde ich so was nie machen."

„Ich weiß, mein Sohn. Mach dir nicht zu viele Gedanken darüber. Brüder passen aufeinander auf."

Chuck nickte. Als sie sich der Highschool näherten, sah Chuck blinkende Lichter. Polizeiwagen blockierten die Straße, und Absperrungen hielten die Kinder vom Bürgersteig fern.

Chuck schluckte schwer. „Pete wird doch wieder gesund, oder, Papa?"

Einen Block von den Einsatzfahrzeugen entfernt fuhr sein Vater rechts rann und stellte den Motor ab. „Er wird schon wieder", sagte er, aber seine Stimme klang irgendwie komisch, als ob er einen Kloß im Hals hätte. Seine Augen wirkten ängstlich und unsicher, als würde er seinen eigenen Worten nicht trauen.

Zusammen mit seinem Vater sprang Chuck aus dem Auto. Sie gingen auf die blinkenden Lichter zu.

Ein Polizist breitete die Arme aus. „Tut mir leid, ich kann Sie nicht durchlassen."

„Das ist mein Sohn. Ich muss ihn sehen. Meine Frau ist hier."

„Der Name?"

„Dinglewood. Mein Sohn heißt Pete Dinglewood. Er ist derjenige, der angefahren wurde."

Der Polizist nickte und ließ sie passieren. Sie kamen an mehr Rettungskräften vorbei, als Chuck zählen konnte, und dann einem Lastwagen, der am Straßenrand stand und eine mächtige Delle in der vorderen Stoßstange hatte.

Chuck keuchte auf und hoffte, dass die Delle nicht von dem Zusammenstoß mit Pete stammte. Neben dem Lastwagen saß ein Mann auf dem Bordstein und sprach mit einem Polizisten. Er hielt seine Mütze in den Händen und er weinte.

Chuck blickte zur Mitte der Straße und erstarrte, als er Petes Schuh dort liegen sah. Es war ein schlichter weißer Sneaker, wodurch einem die Blutspritzer darauf sofort ins Auge fielen. Chuck konnte nur noch daran denken, dass Pete ja seinen Schuh brauchte. Kleine Aufsteller mit schwarzen Zahlen darauf standen auf der Straße verstreut, als würde dort ermittelt. Chuck schluckte und folgte seinem Vater, bis sie schließlich seine Mutter entdeckten, die neben einer Trage stand. Sie hatte ihnen den Rücken zugekehrt und ihre Schultern bebten.

„Da ist Mama“, sagte Chuck, obwohl er sich ziemlich sicher war, dass sein Vater sie bereits gesehen hatte. Er eilte an ihre Seite und legte einen Arm um sie.

Chuck blieb ein wenig zurück. Er hatte Angst, Pete auf der Trage liegend zu sehen. Er zog seinen Inhalator aus der Tasche und nahm einen tiefen Zug, bevor er es wagte, näher zu gehen. Hinter den Absperrungen standen einige andere Schüler. Der Schock war ihnen deutlich anzusehen. Ein paar von ihnen weinten, und einige trugen Piratenkostüme. *Pete hätte das bestimmt super gefallen.* Chucks Lippen zuckten, aber lächeln konnte er nicht.

„Chuck“, sagte sein Vater und streckte eine Hand nach ihm aus. „Komm her, mein Sohn.“ Er hatte geweint. Chuck hatte seinen Vater noch nie weinen sehen.

Chuck wollte sich nicht bewegen. Er wollte nicht an die Trage treten. Hätte er gekonnt, wäre er in die entgegengesetzte Richtung davongelaufen. Aber er zwang sich dazu, einen Schritt vorwärts zu machen und dann noch einen. Er fühlte sich benommen, als würde alles in Zeitlupe geschehen und er durch dicken Sirup waten. Als er schließlich seinen Vater und seine Mutter erreichte, stellte er sich zwischen sie, damit sie ihn unterstützen konnten.

Pete lag auf der Trage. Seine Augen waren geschlossen, und er sah unglaublich blass aus. Die Wunde von dem Angelunfall verlief wie eine wütende rote Linie durch sein Gesicht, und auf der Stirn hatte er ganz frische Schrammen. Chuck wartete darauf, dass er die Augen öffnete. Wartete darauf, dass er sich bewegte, blinzelte, irgendetwas tat.

„Er ist tot, Chuck", sagte sein Vater unter Tränen. Seine Worte ließen seine Mutter noch lauter schluchzen.

Ein Mann in einem weißen Uniformhemd kam zu ihnen herüber. „Es tut mir sehr leid. Wir können sie im Krankenhaus treffen, wenn Sie dazu bereit sind."

Sein Vater antwortete: „Ja, vielen Dank."

Der Mann trug blaue Latexhandschuhe. Er griff nach dem Reißverschluss über Petes Brust und zog den Leichensack über Petes Gesicht zu. Einfach so war Pete verschwunden.

* * *

Pete fühlte sich wie zu Eis erstarrt, als könne er nicht den kleinsten Teil seines Körpers bewegen. Seltsamerweise war ihm weder kalt noch warm noch verspürte er irgendeinen Schmerz. Dunkelheit hüllte ihn ein. Er hörte entfernte Stimmen … hörte, wie sich jemand bewegte …

Hallo? Wo bin ich?, fragte er sich.

Komischerweise konnte er seine Lippen nicht bewegen.

Was zum Teufel ist hier los?

Es kam ihm vor, als sei eine lange Zeit vergangen. Schließlich hörte er etwas, das wie ein Reißverschluss klang, dann wurde alles um ihn herum hell. Ein Mann beugte sich über ihn. Er trug eine Schutzbrille, eine blaue Kappe und eine Maske, die Mund und Nase verbargen. War er Arzt?

Mensch, Alter, du musst mir helfen. Ich fühle mich so komisch.

Pete vermutete, dass er im Krankenhaus war. Ein Laster hatte ihn angefahren. Daran erinnerte er sich. Er war auf dem Weg zur Pizzeria gewesen, doch er hatte die Regel vergessen, die seine Mutter ihm eingeimpft hatte, seit er klein war: in beide Richtungen zu schauen, bevor man die verdammte Straße überquerte. Na ja, jetzt würde er eben in einer Operation wieder zusammengeflickt werden. Ein Gefühl der Erleichterung durchflutete ihn. Er würde wieder gesund werden und dann würden er und Chuck gemeinsam Foxy gegenübertreten und danach würde alles vorbei sein. Endlich.

Ein weiterer Mann tauchte über Pete auf und blickte traurig auf ihn herab.

„Armer Junge. Noch so jung“, sagte er.

„Ja, ich hasse es, wenn sie so jung sind.“

„Es ist eine Schande. Da kriege ich manchmal richtig Gänsehaut.“

„Wegen deiner eigenen Kinder, oder?“

„Ja, ich werde sie sicher noch einmal besonders fest in den Arm nehmen, wenn ich sie sehe.“

„Ich meine auch.“

Die beiden Männer hoben Pete auf einen harten Tisch.

Hey Leute, aus irgendeinem Grund kann ich mich nicht bewegen. Was ist denn los mit mir? Habt ihr mir etwas gegeben, um mich ruhigzustellen? Irgendwie macht mir das Angst, und ich hatte schon eine ziemlich schlechte Woche, wisst ihr? Also sagt mir jetzt bitte, dass alles in Ordnung ist.

Plötzlich kam Pete ein schrecklicher Gedanke. *Oh nein, hat der Lkw meine Beine verletzt? Werde ich wieder laufen können? Ist das der Grund, warum ich sie nicht spüre? Warum wollt ihr nicht mit mir reden, Leute? Ich brauche Antworten! Ich brauche Hilfe!*

Einer der beiden Männer hielt seine behandschuhten Finger über Petes Augen. „Komisch.“

„Was?“

„Ich kann seine Lider nicht schließen. Als wären sie offen eingefroren.“

„Das gibt es manchmal.“

„Ja, aber es gefällt mir nicht. Ich will, dass sie geschlossen werden.“

Der andere Mann lachte. „Da musst du jetzt durch, du

Mimose. Wir haben zu tun.“ Er nahm ein Tablet zur Hand. „Hier steht, dass der Junge Organspender ist.“

Moment mal. Was?

„Ja, Teile von ihm bekommt ein glücklicher Empfänger. Er ist jung, seine Organe sind gesund. Aber wir müssen schnell arbeiten.“

Nein! Das ist ein Irrtum! Mir geht es gut! Ich will meine Organe nicht verschenken. Mama! Papa! Wo seid ihr? Lasst nicht zu, dass sie das mit mir machen!

Die Männer griffen sich Scheren und begannen, seine Kleidung aufzuschneiden. Ein paar Minuten später erfüllte Musik den Raum.

Moment mal … ist das wieder ein Albtraum? Träume ich? Wach jetzt auf, Pete! Wach verdammt noch mal auf!

„Und hast du heute Abend was vor?“

„Ja, wir wollen mit den Kindern zu Freddy Fazbear's Pizzeria. Sie finden es da so toll.“

„Meine auch. Diese animatronischen Viecher machen mir immer irgendwie Angst, aber die Kinder lieben das. Und man tut ja, was immer sie glücklich macht.“

Halt! Ich lebe noch! Ihr könnt mir meine Organe nicht einfach wegnehmen, bevor ich tot bin! Jemand muss mir helfen! Bitte!

„Oh, einen Moment“, sagte der andere Mann und las etwas auf dem Tablet ab.

„Was ist denn?“

Oh, Gott sei Dank. Sagen Sie ihm, dass das alles ein Irrtum ist. Sagen Sie ihm, dass ich noch am Leben bin. Sagen Sie ihm, dass er mich nicht aufschneiden soll.

„Wir haben einen dringenden Fall, wir brauchen die Augen und eine Hand. Hier steht, der Spender passt genau. Die Hand hat nicht viel abbekommen. Das klappt schon, aber wir müssen alles schnell auf Eis legen. Die Leute, die die Transplantate abholen, werden schneller hier sein, als wir denken. Machen wir also Augen und Hand zuerst."

Neeeeeiiiiiiin!

Der Mann mit dem Skalpell blickte auf Pete herab. „Gut gemacht, Junge. Du wirst einer Menge Menschen helfen." Mit der anderen Hand griff er nach einer Pinzette. Der zweite Mann schaltete eine kleine Kreissäge ein, deren Sägeblatt sich sirrend drehte.

„Machen wir uns an die Arbeit."

Pete begann, in seinem Kopf Foxys Gesang zu hören.

Du kannst ein Pirat werden, aber zuerst musst du ein Auge und eine Hand verlieren!

Hilflos und voller Entsetzen sah Pete zu, wie sich der erste Mann zu ihm herunterbeugte und ihm tief in die Augen blickte.

* * *

Vier Wochen später …

Mit dem Fahrrad fuhr Chuck zu Freddy Fazbear's Pizzeria. Schwere, dunkle Wolken bedeckten den Himmel, und es war beißend kalt. Als er von der Schule nach Hause gekommen war, hatte er niemanden vorgefunden. Obwohl er schon wusste, dass das Haus leer war, rief er: „Hallo? Pete?"

Der Kühlschrank antwortete mit einem leisen Brummen. Eigentlich war das Haus gar nicht so groß, aber jetzt kam es Chuck riesig und leer vor. Früher hatte er sich immer gewünscht, alt genug zu sein, um alleine zu Hause bleiben zu dürfen. Jetzt, da sein Wunsch erfüllt war, wünschte er sich viel mehr Gesellschaft.

Seine Mutter war, nachdem sie wochenlang geweint hatte, endlich wieder zur Arbeit gegangen. Und auch sein Vater war bei der Arbeit. Irgendwie hatte die Trauer über den Verlust von Pete seine Eltern wieder zusammengeführt, und sein Vater war nach der Beerdigung wieder zu Hause eingezogen. Eines Tages hatte Chuck die beiden beobachtet, wie sie Petes Zimmer aufräumten. Sie hatten die schmutzigen Klamotten aufgehoben, den Müll weggeworfen, sein Bett gemacht und schließlich die Tür geschlossen. Seitdem war sie nicht mehr geöffnet worden.

Schon eine ganze Weile hatte Chuck sich nicht mehr mit seinen Freunden getroffen. Eigentlich hätte er jetzt zu Hause sein und Hausaufgaben machen sollen. Aber irgendetwas hatte ihn veranlasst zurückzugehen …

Zurück zu Freddy Fazbear's Pizzeria. Zurück, um noch einmal Foxy zu sehen.

Er hatte nie jemandem erzählt, was er und Pete in Wirklichkeit über Petes verrückte Unfälle dachten. Warum sie vorgehabt hatten, sich in Freddy Fazbear's Pizzeria zu treffen, um Foxy ein für alle Mal entgegenzutreten.

Seit Wochen hatte Chuck diese Enge in der Brust gespürt, als ob er etwas tun sollte, das er eigentlich nicht tun konnte, als ob er ein Rätsel nicht gelöst hätte.

Seit der Beerdigung hatte er immer wieder Petes letzte Nachricht abgespielt.

Chuck! Du hattest recht! Es war die ganze Zeit Foxy. Ich muss zurück und mich ihm stellen! Es passieren immer noch völlig verrückte Sachen, aber Foxy wird auf keinen Fall gewinnen, Chuck. Auf keinen Fall, verdammt! Es tut mir leid, dass ich dir nicht geglaubt habe, kleiner Bruder! Wir treffen uns dort, sobald du kannst! Wir können das gemeinsam zu Ende bringen!

Petes Tod nagte Tag und Nacht an Chuck. Manchmal, wenn er in der Schule saß, klingelte es zur Pause, noch bevor er bemerkte, dass die Stunde überhaupt begonnen hatte. Es gab kein Fach, in dem er nicht schlechter geworden war. Die Lehrer musterten ihn, aber sie sagten nicht viel. Sie wussten alle, dass er seinen Bruder verloren hatte. Sie wussten alle, dass er sich verändert hatte.

In der Mittagspause saß Chuck immer allein und schrieb in sein Notizbuch, füllte Seite um Seite mit Ideen und Szenarien darüber, was mit Pete passiert sein könnte und wie es vielleicht möglich gewesen wäre, das alles aufzuhalten, bevor Pete … gegangen war.

Aber nun war Schluss mit „was wäre, wenn“. Chuck hatte keine Lust mehr zu grübeln.

Vor Freddy Fazbear's Pizzeria schloss er sein Fahrrad ab. Als er durch die Eingangstür trat, wehte ihm der vertraute Duft von Pfeffersalami entgegen. Von überall her ertönte das Klingeln und Läuten der Arcade-Games. Chuck ging durch die Spielhalle und sah eine Gruppe Kinder, die sich um eins der Games drängten. Er war früher nicht anders gewesen. Er hatte diesen Laden immer geliebt – bis zu jenem schicksalhaften Tag, als Pete ihn den Korridor entlang in die Werkstatt geschleppt hatte, wonach nichts mehr so gewesen war wie zuvor.

Er ging hinüber zu den Geburtstagstischen und beobachtete die Familien, die direkt vor der Bühne saßen. Alle sahen so glücklich aus. Die kleinen Kinder aßen Pizza, während sie gebannt den animatronischen Figuren bei ihrer Show zusahen. Einige sangen mit vollem Mund. Nachdem das Lied zu Ende war, klatschten und jubelten die Kinder.

Chuck ging auf den Korridor zu, der zur Werkstatt führte. Er warf einen Blick über die Schulter, um sicherzugehen, dass ihn niemand beobachtete, dann schlüpfte er durch die Tür.

Langsam ging er den dunklen Flur entlang, vorbei an den alten Postern, bis er die Tür der Werkstatt erreichte. Mit zitternder Hand packte er den Knauf. Dann holte er tief Luft, zog die schwere Tür auf und trat in die Dunkelheit dahinter.

Hinter ihm schlug die Tür zu, das Geräusch hallte in seinen Ohren wider.

Er zog seinen Inhalator aus der Tasche und nahm ein paar tiefe Atemzüge. Dann steckte er ihn wieder ein und schaltete das Licht an seinem Handy an. Er ging direkt zu der kleinen Bühne und dem offenen Schaltkasten. Er wollte keine Zeit mehr verschwenden.

Ein Schauer lief ihm über den Rücken, aber er ignorierte ihn. Er wusste, wenn er jetzt zögerte, würde er es nicht tun, und er war diesen Moment immer und immer wieder in seinem Kopf durchgegangen. Es musste sein. Er musste herausfinden, was mit Pete passiert war.

„Das ist für dich, Pete“, sagte er in dem dunklen Raum. „Ich werde mich dem Bösewicht stellen und das Spiel beenden.“ Er wappnete sich gegen das, was nun kommen würde, und drückte auf die Starttaste. Er rechnete damit, dass der Vorhang zurückgleiten würde und Foxy zu singen begänne.

Aber nichts passierte.

Alles, was Chuck hörte, war völlige Stille.

TANZ MIT MIR

Die Sterne sahen aus wie winzige Löcher in einem Stück samtschwarzen Tuches, durch die Licht schien. Kasey lag auf dem Rücken auf einer niedrigen Steinmauer und starrte in den Himmel. Sie war erstaunt, dass sie selbst ein winziger Teil eines so schönen Universums war. Ihr fiel ein Lied aus ihrer Kindheit ein. Im Kindergarten hatte es ein Blatt zum Ausmalen mit dem Text des Liedes gegeben und dazu ein Bild von lächelnden Sternen. *Funkel, funkel, kleiner Stern*, dachte sie. *Oh, ich frag mich … was ich bin.*

„Kasey!" Jacks Stimme schreckte sie aus ihren Träumereien. „Sieh mal da drüben!"

Kasey setzte sich auf und schaute hinüber zu dem hell erleuchteten Kinderrestaurant auf der anderen Straßenseite, *Circus Baby's Pizza World.* Eine Frau und zwei kleine Kinder standen vor der roten Tür. Die Frau wühlte in ihrer Handtasche herum.

„Gehen wir", flüsterte Jack.

Kasey stand auf und schlenderte mit Jack über die Straße und schlüpfte mit ihm in die Gasse direkt neben dem

Circus Baby's. Von dort konnten sie noch hören, wie das kleine Mädchen mit seiner Mutter sprach.

„Ich finde das Zirkusbaby hübsch", sagte das kleine braunhaarige Mädchen. Sie trug ein T-Shirt, das mit den gruselig aussehenden Figuren aus der *Circus Baby's Pizza World* geschmückt war.

„Sie ist auch hübsch", stimmte die Mutter zu. Sie wirkte ein wenig benommen, wahrscheinlich, weil sie zu viel Zeit unter den hellen Lichtern und inmitten des Lärms der Kinder-Pizzeria verbracht hatte.

„Kann ich Zöpfe haben wie das Zirkusbaby?", fragte das kleine Mädchen und hielt an beiden Seiten ihres Kopfes ein Büschel Haare in die Höhe. Die Kleine konnte nicht viel älter als drei sein, dachte Kasey. Höchstens vier.

„Klar kannst du das", erwiderte die Mutter. „Nimm mal die Hand deines Bruders, während ich meinen Autoschlüssel suche."

„Mami, ich bin so müde", sagte das kleine Mädchen. „Kannst du meine Geschenktüte tragen?" Sie hielt eine kleine Plastiktüte mit dem Namen der Pizzeria hoch.

Inzwischen hatte die Mutter den Autoschlüssel gefunden. „Sicher", sagte sie. „Ich tue sie einfach in meine Handtasche."

„Kannst du mich tragen? Ich bin so müde. Ich mag nicht mehr laufen."

Die Mutter lächelte. „Okay, komm her, großes Mädchen." Die Handtasche baumelte am linken Unterarm der Frau, als sie sich hinunterbeugte, um ihre Tochter hochzunehmen.

„Jetzt!“, bellte Jack in Kaseys Ohr.

Kasey zog die Skimaske über ihr Gesicht und stürzte aus der Gasse. Sie rannte an der Mutter vorbei und schnappte sich dabei mit einer schnellen, geübten Bewegung die Handtasche. „Hey!“, rief die Frau, und das kleine Mädchen schrie, aber Kasey lief weiter. Sie hörte, wie der kleine Junge rief: „Ich fang den Dieb, Mami!“

„Nein!“, befahl die Mutter. „Du bleibst hier.“

Was weiter gesprochen wurde, konnte Kasey nicht mehr hören. Sie wusste, dass sie schnell war, und sie wusste, dass die Mutter sie niemals zu Fuß würde einholen können, nicht mit den zwei kleinen Kindern an der Hand.

Nachdem Kasey das Gefühl hatte, weit genug gelaufen zu sein, nahm sie die Skimaske ab und steckte sie in ihre Jackentasche. Sie verlangsamte ihren Schritt und trug die Handtasche ganz lässig, als ob sie ihr gehörte. Und das tat sie jetzt ja wahrscheinlich auch.

Sie traf die Jungs zu Hause, oder dort, wo sie sich im Moment häuslich eingerichtet hatten. Kasey und Jack und AJ lebten in einem verlassenen Lagerhaus. Strom gab es nicht – sie mussten sich mit Taschenlampen und Campinglaternen behelfen. Aber das Dach war in Ordnung und das Gebäude gut isoliert, wodurch es drinnen wärmer war als draußen. Sie schliefen in Schlafsäcken und wärmten ihr Essen auf einem kleinen zweiflammigen Kocher auf, wie man ihn beim Zelten benutzte. Eigentlich war das Leben im Lagerhaus eine Art Indoor-Camping. So konnte man es zumindest sehen, dachte Kasey.

Sie hockte auf einer der Holzkisten, die sie als Sitzgelegenheit benutzten, und hielt die gestohlene Handtasche auf dem Schoß.

„Wie viel haben wir erbeutet?“, wollte Jack wissen und beugte sich über ihre Schulter. Er war so spitznäsig und nervös wie eine Ratte.

„Es gefällt mir, wie du ‚wir‘ sagst, obwohl ich das ganze Risiko auf mich genommen habe“, entgegnete Kasey und öffnete die Tasche.

„So spricht man in der Höhle der Diebe“, meinte AJ, der auf der Kiste neben ihr saß. Er war groß und massig und der Kräftigste von ihnen. „Wir teilen alles.“

„Ja“, sagte Jack. „Wie Trainer immer sagen, ein ‚Ich‘ gibt es in einem Team nicht.“

Kasey schob sich die langen Zöpfe aus dem Gesicht und spähte in die Handtasche.

Als Erstes zog sie die Geschenktüte des kleinen Mädchens heraus. Kein Wunder, dass die Kleine geschrien hatte. Sie wollte all die Bonbons und den Plastikkram nicht verlieren, den sie in dem Pizzarestaurant „gewonnen“ hatte. Kasey stopfte die Geschenktüte in ihre Jackentasche, dann fand sie, worauf sie alle drei gewartet hatten: die Geldbörse der Frau.

„Wie viel?“, fragte Jack. Er zitterte vor Vorfreude.

„Immer mit der Ruhe“, erwiderte Kasey, öffnete die Börse und nahm alle Scheine heraus. Sie zählte. „Es sind … siebenundachtzig Dollar.“ Das war nicht umwerfend, aber auch nicht ganz schlecht. Die Leute hatten heutzutage kaum noch Bargeld dabei.

„Was ist mit Karten?“, wollte AJ wissen.

„Ich schau mal.“ Sie warf einen kurzen Blick auf den Führerschein der Frau. Immer wenn sie daran dachte, dass ihre Opfer ein Gesicht und einen Namen hatten und nun in der Schlange bei der Zulassungsstelle auf einen neuen Führerschein warten mussten, fühlte sie sich schlecht. Schnell zog sie die Plastikkarten aus der Börse. „Eine Karte fürs Tanken und eine normale Kreditkarte.“

Die Tankkarte war nur von begrenztem Nutzen, da sie kein Auto besaßen. Dennoch konnte man damit in den kleinen Märkten der Tankstellen einkaufen. Und mit der Kreditkarte konnten sie definitiv etwas anfangen, bevor sie sie wegwerfen mussten. Kasey brauchte dringend ein Paar Socken und ein neues Paar Stiefel. Die, die sie trug, waren verschlissen und wurden nur noch mit Klebeband zusammengehalten. Ihr taten ständig die Füße weh.

„Morgen probieren wir die Karten aus“, sagte Jack. „Bis dahin sind siebenundachtzig Dollar durch drei geteilt ...“, er machte eine große Sache daraus, wie er rechnete und dabei in die Luft „schrieb“, als würde er das Problem in der Schule an der Tafel lösen, „... neunundzwanzig Dollar für jeden. Ich nehme jetzt zwanzig davon, Miss Kasey. Ich werde mal rausgehen und schauen, wie gut man mit zwanzig Dollar feiern kann. Kommt ihr mit?“

„Ich schon“, antwortete AJ. „Gib mir auch einen Zwanziger, Kasey.“ Er streckte die Hand aus.

„Ich denke, ich bleibe hier“, sagte Kasey. Sie war kein Partygänger wie Jack und AJ. Ihre Mutter hatte immer viel gefeiert, und Kasey war mit der Erfahrung aufgewachsen, dass die Neigung ihrer Mutter, ihr ganzes Geld in einer einzigen sorglosen Nacht durchzubringen, bedeutete, dass sie alle bis zu ihrem nächsten Gehaltsscheck mit den Konsequenzen leben mussten.

„Wieso?“, wollte Jack wissen. „Du bist eine Spielverderberin.“

„Ich bin müde.“ Kasey schob die Geldbörse zurück in die gestohlene Handtasche. „Ich war diejenige, die die ganze Zeit gerannt ist. Erinnerst du dich?“

Nachdem die Jungs aufgebrochen waren, legte sich Kasey auf ihren Schlafsack und kramte in der Plastiktüte von *Circus Baby's Pizza World*. Sie zog eine Pappbrille mit billigen Plastikgläsern heraus. Die Pappe war mit einem Bild von irgendeiner seltsam anmutenden Roboter-Ballerina verziert. Kasey setzte die Brille kurz auf, aber ihr wurde ein wenig schwindelig. Und außerdem war es zu dunkel, um irgendetwas erkennen zu können. Sie steckte die Brille für später in ihre Jackentasche.

Ansonsten befanden sich nur noch Süßigkeiten in der Tüte. Kasey und ihre Kumpane aßen, um zu überleben. Wenn sie ein wenig Geld hatten, kauften sie billige Burger, oder, wenn sie pleite waren, klauten sie in kleinen Märkten Rindereintopf oder Ravioli in der Dose. Es war schon lange her, dass Kasey etwas Süßes gegessen hatte. Unter den Sachen entdeckte sie einen roten Lutscher, wickelte ihn aus und steckte ihn sich in den Mund. Sie genoss den künstlichen Kirschgeschmack und fühlte sich wieder wie ein Kind.

Ein kleines Kind. Sie hatte ein Kind ausgeraubt. Kasey kam ein Sprichwort in den Sinn: *Als wenn man einem Baby die Süßigkeiten wegnimmt.* So war es buchstäblich gewesen, was sie heute getan hatte. Sie war nicht stolz darauf, aber auf der anderen Seite besaß die Mutter des Kindes schöne Schuhe und eine schöne Handtasche und ein Auto. Wenn sie genug Geld hatte, um ihren Kindern Pizza und Arcade-Spiele zu bezahlen, konnte sie es sich auch leisten, neue Süßigkeiten zu besorgen.

Warum war Kasey so geworden, wie sie war und nicht wie die Frau, die sie ausgeraubt hatte? Kasey hatte nie geplant, einmal zu einer Diebin zu werden, die in einem Lagerhaus schläft. Und sie bezweifelte auch, dass irgendjemand sonst je darauf hingearbeitet hatte.

Kaseys Mutter war nicht unbedingt versessen darauf gewesen, Kinder zu haben. Sie arbeitete nachts und schlief tagsüber, und oft, wenn Kasey von der Schule nach Hause kam, hatte ihre Mutter sie mit einer Mischung aus Erstaunen und Verärgerung angesehen, als würde sie denken: *Oh, das hatte ich ganz vergessen. Ich habe ja ein Kind.*

Das Abendessen bestand normalerweise aus einer Schüssel Müsli oder einem Sandwich, bevor ihre Mutter zur Arbeit in den Club ging. Während ihre Mutter fort war, erledigte Kasey die Hausarbeit, duschte und sah bis zur Schlafenszeit fern. Außerdem hatte sie die Anweisung, in die Wohnung der alten Dame nebenan zu gehen, sollte es jemals einen Notfall geben, doch das passierte nie. Kasey konnte sehr gut auf sich selbst aufpassen.

Als Kasey ein Teenager war, fand ihre Mutter einen neuen Freund, der anscheinend länger bleiben würde als ihre bisherigen Affären. Er hatte einen festen Job und konnte ihrer Mutter mit Geld aushelfen. Der einzige Nachteil war, dass er keinen Teenager um sich haben wollte, einen „Schmarotzer“, wie er es nannte. Er sagte, im Alter von Kasey sei er bei seinen Eltern ausgezogen und habe sich einen Job gesucht, deshalb sei er so erfolgreich. Als er dann von ihrer Mutter verlangte, sich zwischen ihm und Kasey zu entscheiden, überlegte die nicht lange. Noch vor ihrem siebzehnten Geburtstag lebte Kasey auf der Straße.

Kaseys Lehrer hatten sie angefleht, die Highschool nicht abzubrechen. Ihre Noten waren solide und auch im Sport war sie erfolgreich, also bestand die Möglichkeit eines Collegestipendiums, sagte man ihr. Aber sie konnte einfach nicht in der Schule bleiben und trotzdem genug Geld zum Überleben verdienen. Daher brach sie die Schule ab und hangelte sich von einem Job zum nächsten, arbeitete lange, aber verdiente nie genug, um Miete und Lebensmittel zu bezahlen. Manchmal wohnte sie in traurigen kleinen Zimmern, die sie wochenweise mietete. Manchmal übernachtete sie bei Freunden auf der Couch, bis deren Gastfreundschaft irgendwann ein Ende fand.

Das erste Mal stahl sie bei *Famous Fried Chicken*, dem Fastfood-Restaurant, in dem sie arbeitete. Es war ein schrecklicher Job. Stundenlang stand sie schwitzend an der Fritteuse und ging jeden Abend mit dem Gefühl nach Hause, in einen Bottich voller Fett getaucht worden zu sein. Eines Tages, als sie den Boden des Speiseraums wischte, bemerkte sie, dass ein Typ auf die Toilette gegangen war und seine Jacke über der Rückenlehne seines Stuhls hatte hängen lassen. Aus einer der Taschen lugte die Ecke eines Zwanzig-Dollar-Scheins hervor. Es war einfach zu verlockend gewesen.

Kasey machte sich daran, den Boden neben dem Tisch zu fegen. Dabei schnappte sie sich den Schein und versteckte ihn in ihrem Ärmel. Das war schockierend einfach gewesen und irgendwie auch ganz witzig. Sie wusste, der Typ würde nie damit rechnen, bestohlen worden zu sein. Er würde nur denken, dass er vorsichtiger sein müsste.

Da sie nur den Mindestlohn verdiente, hätte Kasey mehr als zwei Stunden gebraucht, um dieses Geld zu verdienen, das sie in weniger als einer Minute gestohlen hatte. Und irgendwie war es auch ein Nervenkitzel, zu wissen, mit etwas davongekommen zu sein, das System besiegt zu haben.

Schon bald stahl sie lieber, anstatt zu arbeiten – sie klaute Brieftaschen, Lebensmittel und andere Dinge, die sie brauchte. Eines Tages war sie bei einem Straßenfest auf Diebestour gegangen, hatte Geldbörsen gestohlen und lose Scheine aus den Taschen der Leute. Da waren zwei Männer auf sie zugekommen. Zuerst hatte sie Angst, es könnten Polizisten sein, doch die beiden sahen nicht wie Polizisten aus. Einer war ein dürrer, nervöser Weißer mit vielen Tattoos, der andere ein breitschultriger Schwarzer, der aussah wie ein ehemaliger Highschool-Footballspieler.

„Wir haben dich beobachtet, und du bist gut“, sagte der dünne und nervös wirkende Typ. „Hast du schon mal darüber nachgedacht, im Team zu arbeiten anstatt allein?“

„Wir passen aufeinander auf“, sagte der große Mann. „Und wir teilen unsere Einnahmen. Wenn mehr Leute arbeiten, gibt es auch mehr Geld.“

Also schloss sie sich Jack und AJ an, weil die beiden länger auf der Straße lebten und bereit waren, sie an ihrem Wissen teilhaben zu lassen, wie man dort überlebte. Sicher, sie waren rücksichtsloser als sie selbst und verprassten das Geld, das sie stahlen, aber in einer Gruppe war man einfach sicherer. Auch wenn die Jungs ihr manchmal auf die Nerven gingen, war sie lieber in ihrer Gesellschaft, als auf sich allein gestellt zu sein.

Kasey zerbiss die Reste des roten Lutschers und kuschelte sich in ihren Schlafsack. Mit dem süßen Geschmack auf der Zunge schlief sie ein.

* * *

Sie erwachte im Sonnenlicht, das durch die Oberlichter des Lagerhauses fiel. Jack und AJ dösten beide noch in ihren Schlafsäcken. Kasey hatte keine Ahnung, wann die beiden letzte Nacht nach Hause gekommen waren. Sie schlüpfte aus ihrem Schlafsack und beschloss, sich mit zwei von den Dollars, die gestern hereingekommen waren, ein billiges Frühstück in der *Burger Barn* zu gönnen. Ein Wurstbrötchen und ein kleiner Kaffee, der kostenlos nachgeschenkt wurde, reichten ihr, wenn es sein musste, für den ganzen Tag. Kasey schnappte sich ihren Rucksack und trat hinaus in die strahlende Morgensonne. Mit Aussicht auf Frühstück war sie bestens gelaunt.

Die *Burger Barn* war nur einen halben Block von der *Circus Baby's Pizza World* entfernt, dem Ort ihres gestrigen Überfalls. Kasey kicherte, als sie daran dachte, dass die Sache eine gewisse Dramatik gehabt hatte, da sie einem Kind eine Tüte Süßigkeiten gestohlen hatte.

Sie betrat die *Burger Barn*, gab ihre Bestellung auf und setzte sich in eine der orangefarbenen und mit Vinyl bezogenen Nischen unter einem Wandbild mit lustig gezeichneten Tieren auf einem Bauernhof. Sie tat Sahne und Zucker in ihren Kaffee, packte das Brötchen aus und ließ sich Zeit mit dem Frühstück.

Während sie das Brötchen verspeiste und an ihrem Kaffee nippte, beobachtete sie die anderen Kunden. Die meisten nahmen ihre Bestellungen mit, weil sie zu ihren Jobs in Büros, Läden oder auf Baustellen mussten. Alle sahen gestresst aus und wirkten gehetzt.

Eines war wirklich gut an Kaseys Lebensweise. Sie konnte sich Zeit lassen. Nur wenn sie mit der Handtasche oder der Geldbörse eines ihrer Opfer davonlief, musste sie sich wirklich beeilen.

Da sie in der *Burger Barn* etwas verzehrt hatte, durfte sie auch die Damentoilette benutzen, ohne hinausgeworfen zu werden. Es war ein Recht, das sie sehr schätzte. Nachdem sie zu Ende gefrühstückt hatte, ging sie zur Toilette, um sich für den Tag frisch zu machen. Sie schloss sich in einer der Kabinen ein und wusch sich mit Babytüchern. Dann wechselte sie Socken, Unterwäsche und auch ihr T-Shirt. Danach verließ sie die Kabine, wusch sich das Gesicht und putzte sich die Zähne.

Eine Frau, der man sofort an ihrer Kleidung ansah, dass sie einen Bürojob hatte, warf Kasey einen bösen Blick zu, doch Kasey ignorierte sie. Sie hatte genau das gleiche Recht, dort zu sein, wie jeder andere auch. Kasey füllte ihre Wasserflasche und steckte sie in ihren Rucksack. Dann war sie bereit für den Tag.

Draußen im Sonnenschein, den Bauch gefüllt mit Essen und Kaffee, fühlte Kasey sich gut. Sie dachte daüber nach, einen Spaziergang im Park zu machen, bevor sie zurück zum Lagerhaus ging, um zu sehen, was die Jungs vorhatten. Unterwegs schob sie ihre Hände in die Jackentaschen und fand die Pappbrille aus der Geschenktüte des kleinen Mädchens. Kasey lächelte vor sich hin und holte die Brille hervor.

Bisher hatte sie nicht bemerkt, dass am linken Bügel der Brille ein winziger, zusammengerollter Zettel befestigt war. Vorsichtig zog sie das Klebeband ab, entrollte den Zettel und las:

Setz die Brille auf, und Ballora wird für dich tanzen.

Kasey tat wie ihr geheißen und setzte die Brille auf. Sofort verspürte sie den gleichen Schwindel wie in der Nacht zuvor. Sie blickte den Bürgersteig entlang in Richtung *Circus Baby's Pizza World.* Dort, in der Ferne, sah sie das Bild einer Ballerina, die Hände über dem Kopf, die auf Zehenspitzen stand und sich drehte. Es war kein sehr deutliches Bild, sondern blau und ein wenig unscharf. Ein Hologramm. So nannte man doch diese Art von Bildern, fiel ihr plötzlich ein. Aber auch wenn es weit entfernt und unscharf war, hatte diese seltsame Ballerina, die sich dort im Kreis drehte, etwas Faszinierendes.

Eine Pirouette. Das war das richtige Wort dafür. Als Kasey klein gewesen war, hatte sie ebenfalls Ballerina werden wollen wie so viele andere Mädchen auch. Doch es war kein Geld dagewesen, und ihre Mutter hatte gesagt, selbst wenn sie wohlhabender gewesen wären, hätte sie das Geld nicht für so etwas Nutzloses wie Tanzunterricht verschwendet.

Wie hypnotisiert stand Kasey auf dem Bürgersteig und betrachtete das Bild der Ballerina. Sie war wunderschön, und in Kaseys Alltag gab es nur wenig Schönheit. Sie spürte, wie Trauer und Sehnsucht sie überwältigten und noch ein anderes Gefühl – Reue? Bereute sie die Art, wie sie lebte? Ein Leben sollte doch auch Schönheit beinhalten, oder nicht? Es sollte doch um mehr gehen als immer nur ums blanke Überleben.

Nach einer Weile wurde Kasey richtig schwindelig, als ob sie selbst Pirouetten drehen würde. Weil sie fürchtete, ihr könnte schlecht werden, nahm sie die Brille ab und lehnte sich an eine Hauswand. Sie blickte auf die Brille in ihrer Hand. Die Ballerina war ein ziemlich beeindruckender optischer Effekt, wenn man bedachte, wie billig dieses Spielzeug aussah. Kein Wunder, dass das kleine Mädchen verärgert gewesen war, als Kasey ihr die Geschenktüte geklaut hatte. Einem kleinen Kind musste diese Brille geradezu magisch vorkommen.

Kasey steckte die Brille in ihre Tasche. Dann beschloss sie, doch nicht durch den Park zu gehen, sondern gleich zum Lagerhaus zurückzukehren. Sie musste den Jungs dieses verrückte Spielzeug einfach zeigen.

* * *

Als Kasey zurückkam, waren Jack und AJ gerade aufgewacht.

„Wann seid ihr denn heute Nacht nach Hause gekommen?“, fragte Kasey und setzte sich auf eine der Kisten.

„Keine Ahnung. Zwei? Drei?“ Jack gähnte. Er lag noch in seinem Schlafsack und stützte sich auf einen Ellbogen. „Ist doch auch egal. Ich muss mich bei niemandem einstempeln.“

AJ zog den Reißverschluss seines Schlafsacks auf und setzte sich im Schneidersitz hin. „Hey, wir haben gerade gemeint, dass wir vielleicht die Tankkarte, die du hast mitgehen lassen, mit zum *Gas-’n-Go* nehmen und schauen können, ob wir damit ein paar Lebensmittel kaufen können.“

„Klar“, erwiderte Kasey. Es würde gut sein, etwas zu essen im Haus zu haben. „Aber zuerst möchte ich euch etwas zeigen.“

Draußen vor dem Lagerhaus, neben einem Müllcontainer, holte Kasey die Brille heraus. „Die war in der Wundertüte von der Pizzeria. Setz sie mal auf.“ Sie hielt Jack die Brille hin.

Jack setzte sie auf, nahm eine coole Pose ein und lachte.

„Guck mal geradeaus“, forderte Kasey ihn auf. „Siehst du sie?“

„Wen soll ich sehen?“, fragte Jack.

„Die tanzende Ballerina.“

„Ich sehe niemanden“, antwortete Jack. „Die Gläser färben einfach alles blau, das ist alles.“

„Lass mich mal“, meinte AJ, nahm Jack die Brille von der Nase und setzte sie selbst auf. Er blickte sich um. „Ich sehe auch nichts.“

„Keine Ballerina?“, fragte Kasey. Das konnte nicht sein. Warum sahen die beiden sie nicht?

„Nein. Alles sieht höchstens blau aus, wie Jack gesagt hat.“ AJ gab Kasey die Brille zurück.

Kasey war verwirrt. Vielleicht funktionierte die Brille nur vor *Circus Baby's Pizza World*. Aber das ergab auch keinen Sinn. Warum sollte jemand ein Spielzeug herstellen, das nur an einem einzigen Ort funktionierte?

Sie setzte die Brille noch einmal auf und schaute geradeaus, direkt auf die andere Straßenseite. Da war die Ballerina – Ballora, laut Beschreibung – und tanzte zwischen zwei Lagerhäusern in einer mit Müll übersäten Gasse. Doch schon bald überkam sie wieder der Schwindel, und dann war da auch dieses unbehagliche Gefühl, das sie schon zuvor gehabt hatte. „Also ich sehe sie“, sagte Kasey und nahm die Brille ab, bevor sie noch das Gleichgewicht verlor oder sich sogar übergeben musste. „Vielleicht stimmt etwas mit deinen Augen nicht.“

„Vielleicht stimmt was mit deinem Hirn nicht“, erwiderte Jack, lachte und stieß AJ mit dem Ellbogen an, der ebenfalls grinste.

Kasey ignorierte die Sticheleien und steckte die Brille wieder in ihre Jacke. Aber sie fragte sich, ob die beiden vielleicht recht hatten. Stimmte tatsächlich etwas nicht mit ihr?

Im *Gas-'n-Go* nahmen sie viel mehr Lebensmittel mit, als die meisten in einem Tankstellenshop kaufen würden:

einen riesigen Laib Brot, ein Glas Erdnussbutter, sechs Tüten Chips, Dosen mit Ravioli und Rindereintopf und einen Zwölferpack Softdrinks. Kasey wusste, sie würde diejenige sein, die an der Kasse zahlen musste, denn Jack und AJ sagten immer, sie hätte ein ehrliches Gesicht. Außerdem schöpften die meisten Leute bei einer Frau weniger Verdacht.

Die Kassiererin wirkte schläfrig und gelangweilt, während sie die Sachen in Tüten packte. Kasey steckte die Karte in das Terminal und hielt den Atem an. Es dauerte nur ein paar Sekunden, fühlte sich aber wie eine Ewigkeit an, bis die Worte „Zahlung bestätigt" auf dem kleinen Bildschirm erschienen.

Kasey, Jack und AJ schnappten sich die Tüten, warteten aber, bis sie die Tankstelle verlassen hatten, bevor sie jubelten, dass sie so viel Glück gehabt hatten. „Jetzt müssen wir uns ein paar Tage keine Sorgen mehr machen, was wir essen", meinte Jack. „Pass gut auf die Karte auf, Kasey."

Kasey steckte die Karte in ein kleines Fach ihres Rucksacks. „Das werde ich, aber ich weiß nicht, ob wir sie noch einmal benutzen können", sagte sie. Normalerweise sperrten Kreditkartenunternehmen Karten sehr schnell, die im Verdacht standen, gestohlen worden zu sein.

Wieder im Lagerhaus aßen sie Brote mit Erdnussbutter, Kartoffelchips und tranken dazu die noch kalten Softdrinks. Jack und AJ waren immer noch ganz high von dem Adrenalinschub, den ihnen dieser Coup mit der gestohlenen Karte verpasst hatte. Sie lachten und scherzten, aber

Kasey war irgendwie bedrückt, obwohl sie nicht genau wusste, warum.

War es die Sorge, als Diebin erwischt zu werden? Die Sorge, verhaftet, verurteilt, eingesperrt zu werden? Diese Sorge schwand nie, aber das Gefühl, dass sie im Moment bedrängte, war ein anderes. Irgendwie hatte es mit der Brille zu tun, mit der Tatsache, dass sie die tanzende Ballerina sehen konnte, Jack und AJ aber nicht. Und damit, wie komisch sie sich fühlte, wenn sie der wirbelnden Tänzerin zusah.

Als sie mit dem Essen fertig waren, schnappte sich Kasey eine der Plastiktüten aus der Tankstelle. „Tut euren Müll hier rein", sagte sie zu Jack und AJ, „ich bringe ihn raus zum Container."

„Sie räumt immer alles auf. So eine brave kleine Hausfrau", neckte Jack und ließ seine leere Limoflasche in die Tüte fallen.

„Hey, ich kann nichts dafür, dass ihr so schlampig seid", meinte Kasey. „Ich habe keine Lust darauf, dass wir hier Probleme mit Ungeziefer bekommen."

Kasey war in einer ganzen Reihe von immer schmutziger werdenden Wohnungen aufgewachsen. Ihrer Mutter war immer wieder gekündigt worden, weil sie die Miete nicht bezahlte, und dann zogen sie eben in eine andere Wohnung, die kleiner und noch schmutziger war als die vorherige. Kakerlaken gab es eigentlich überall und im Sommer eine endlose Parade von Ameisen. Als Kasey alt genug war, wusch sie das Geschirr ab und brachte den Müll weg, den ihre Mutter anhäufte. Die Putzerei half ein wenig, aber aus den Wohnungen der anderen Leute im Haus kam trotzdem Ungeziefer herüber auf der Suche nach einem Festschmaus. Kasey dachte damals immer, wenn sie groß sei, würde sie eine eigene kleine Wohnung haben, die dann sauber wäre und frei von Ungeziefer. Und anders als ihre Mutter würde sie die Miete jeden Monat pünktlich bezahlen.

Das Lagerhaus war nicht gerade das, was sie sich vorgestellt hatte, aber zumindest konnte sie dort ihren Teil dazu beitragen, das Gekrabbel fernzuhalten. Sie nahm die Mülltüte mit nach draußen und warf sie in den Container.

Vielleicht sollte sie einen Spaziergang machen. Auf einmal hatte sie das Bedürfnis, allein zu sein. Sie wusste, Jack und AJ würden in der Lagerhalle Pläne für den Abend schmieden. Am Freitag wollten sie wahrscheinlich in die Innenstadt gehen, wo die Clubs waren. Wenn man lange genug wartete und die Leute schon kräftig gebechert hatten, waren sie leichte Beute. Kasey konnte dann an einer Gruppe von Männern vorbeigehen und drei ihrer Brieftaschen stehlen, ohne dass es auch nur einem von ihnen auffiel.

Geldbörsen waren immer kniffliger, weil sie nicht so leicht zu greifen waren, ohne dass der Besitzer etwas merkte. Doch Kasey war schnell. An der Highschool hatte sie Leichtathletik gemacht. Ein beschwipstes Mädchen in Stöckelschuhen hatte daher keine Chance, sie einzuholen.

Normalerweise plante Kasey die Beutezüge für den Abend gerne zusammen mit den Jungs. Es gefiel ihr, Strategien zu entwerfen, wie der größtmögliche Gewinn zu erzielen war, wie man die Erfolgschancen maximierte.

Aber im Moment fühlte sie sich nicht danach. Lieber wollte sie laufen, wollte die verwirrenden Gedanken aus dem Kopf bekommen, die darin herumschwirrten. Warum wurde sie das Bild der tanzenden Ballerina nicht los?

Sie ging in den Park. Büroangestellte saßen in ihrer Mittagspause auf Bänken und aßen ihre Brote. Ein Hundesitter hatte vier Hunde unterschiedlicher Größe an der Leine und ging mit ihnen spazieren, ohne dass sich die Leinen verwickelten. Kasey musste über den kleinen Yorkshire lächeln, der das Rudel anführte, als sei er der größte Hund von allen.

Auf dem Spielplatz kletterten und rutschten und schaukelten kleine Kinder. Sie schrien und lachten. Ihre Mütter passten auf, dass ihnen nichts passierte. Kasey beneidete diese Kinder. Wie muss es sein, fragte sie sich, nach Herzenslust zu spielen und zu wissen, dass, wenn man hungrig oder durstig ist, die Mutter einfach ein paar Kekse und eine Flasche Saft aus der Tasche holt? Zu wissen, dass man, wenn man müde ist, nach Hause gehen kann und die Mutter einen in ihr schönes weiches Bett legt, um ein Nickerchen zu machen?

Schon als kleines Kind hatte Kasey diese Art von Sicherheit nicht gekannt.

Sie wandte sich dem bewaldeten Teil des Parks zu, weil sie die Schatten dort und die Einsamkeit mochte. Die Herbstblätter – rot, gold und orange – wehten von den Ästen der Bäume herab. Blätter, die bereits gefallen waren, knirschten unter ihren Füßen.

Und besonders seltsam war, dass sie Ballora nicht sehen

wollte. Das Gefühl, das in ihr aufstieg, wenn sie der Ballerina zusah, gefiel ihr überhaupt nicht. Und doch merkte sie, dass sie nach der Brille griff und sie aufsetzte. Da war es wieder, das bereits vertraute Schwindelgefühl. Sie lehnte sich gegen einen Baum und starrte in den Wald um sie herum, wo das Sonnenlicht durch die Lücken im Geäst drang.

Und da war Ballora. Sie drehte zwischen den bunten Herbstblättern eine Pirouette. Und während sie sich drehte, wurden die hellen Blätter von ihr angesogen. Sie flogen um sie herum, erst langsam, dann immer schneller, wie in einem kleinen Tornado gefangen.

Ein paar Sekunden lang verwunderte Kasey diese Schönheit, doch dann dachte sie: *Moment mal, wenn Ballora nur ein Bild ist, ein Hologramm, wie kann sie dann Gegenstände um sich herum anziehen?* Das ergab einfach keinen Sinn.

Und war Ballora nicht seit gestern auch ein Stück näher gerückt? Es schien jedenfalls so. Zum einen war das Bild deutlicher, nicht so unscharf – Kasey konnte die Gelenke der puppenartigen Figur, die Arme und Beine erkennen, die blauen Augen und die roten Lippen im blassen Gesicht. Das angemalte Gesicht wirkte clownartig, doch im Gegensatz zu den meisten Clowns lächelte Ballora nicht. Die blicklosen blauen Augen blinzelten nicht, aber irgendwie hatte Kasey das Gefühl, dass sie sie anstarrten. Ballora blickte Kasey an, und ihr gefiel nicht, was sie sah.

Plötzlich bekam Kasey keine Luft mehr. Sie beugte sich vor, weil sie Angst hatte, ohnmächtig zu werden. Warum flippte sie nur wegen so eines dämlichen Spielzeugs aus? Sie riss sich die Brille herunter und schob sie zurück in ihre Jackentasche. Das war doch alles einfach lächerlich, und sie musste damit aufhören. Wer überleben wollte, musste stets einen kühlen Kopf bewahren.

Das Beste war es wohl, zurück ins Lagerhaus zu gehen und mit den Jungs zu sprechen. Sie musste erfahren, wie die Pläne für den heutigen Abend aussahen.

* * *

Nach Mitternacht machten Kasey, Jack und AJ sich auf den Weg zu den Clubs. Sie gingen nicht hinein, sondern trieben sich draußen in der Dunkelheit herum. Die Jungs hatten ein paar bestimmte Bars ins Auge gefasst, und Kasey wartete in einer Gasse vor einer Diskothek, die von vielen College-Kids besucht wurde, deren Taschen und Geldbörsen mit dem Geld ihrer Eltern gefüllt waren.

Und dann entdeckte sie auch schon ihr Opfer. Das Mädchen trug ein kurzes hellrosa Kleid und dazu unfassbar hohe Absätze. Ihre Designerhandtasche – im selben Rosaton wie das Kleid und die Schuhe gehalten – hing an einem dünnen Riemchen über ihrer Schulter. Das rosa Mädchen unterhielt sich laut und kichernd mit ihrem Freund.

Für Jobs wie diesen hatte Kasey eine kräftige Schere, die einen ledernen Handtaschenriemen so mühelos durchschneiden konnte, als sei er aus Papier. Sie nahm die Schere aus der Tasche und mischte sich unter die Leute. Von hinten näherte sie sich dem rosa Mädchen und setzte die

Schere an, um den Riemen zu durchtrennen. Als sie zudrückte, rempelte jemand sie von hinten an. Sie rutschte ab und die Spitze der scharfen Schere traf auf Fleisch. Als Kasey nach der Handtasche griff, bemerkte sie eine oberflächliche, aber blutende Wunde am Arm des Mädchens.

„Au! Was war das?“, schrie das Mädchen. „Hey, meine Handtasche …“

Kasey floh.

Sie rannte, bis sie sicher war, genug Abstand zwischen sich und ihr Opfer gebracht zu haben, dann wurde sie langsamer und verstaute die rosa Handtasche in ihrer Jacke.

Immer wieder sah Kasey den von der Schere aufgeschlitzten Arm des Mädchens vor sich, das rote Blut, das auf der blassen Haut leuchtete.

Kasey hatte ihr nicht wehtun wollen. Klar, wenn einem die Handtasche entrissen wird, erschreckt man sich vielleicht ein wenig – man ist vielleicht verunsichert –, aber man wird nicht verletzt.

Kasey hatte bisher Dutzende, vielleicht sogar Hunderte Menschen ausgeraubt, aber bis zu dieser Nacht hatte sie noch nie jemanden dabei verletzt. Blut zu vergießen war eine ganz andere Dimension.

Es war ein Unfall, dachte Kasey. Aber war es das wirklich? Das Mädchen wäre immer noch unversehrt, wäre Kasey nicht mit der Schere auf sie losgegangen. Kasey hatte nicht vorgehabt, sie zu verletzen, doch sie konnte auch nicht behaupten, völlig unschuldig zu sein.

Kasey war früher als die Jungs wieder im Lagerhaus. Sie nahm sich eine Taschenlampe und setzte sich auf ihren Schlafsack, um nachzusehen, was sie erbeutet hatte. Sie öffnete die rosafarbene Handtasche und kippte ihren Inhalt aus. Da waren ein Führerschein, ein Lippenstift und ein einzelner Zwanzig-Dollar-Schein, der nach den Regeln durch drei geteilt werden musste.

Kasey tat alles wieder zurück in die Handtasche und seufzte. Das Ergebnis war weder die Mühe noch das Blutvergießen wert gewesen. Sie schlüpfte in ihren Schlafsack, aber es dauerte lange, bis sie eingeschlafen war.

* * *

Am nächsten Tag gingen Kasey, Jack und AJ in die Innenstadt, um sich nach einer weiteren Gelegenheit für einen Diebstahl umzuschauen. Sie kamen an dem Park vorbei, in dem Kasey Ballora gesehen hatte. Kasey warf einen Blick zu einer Baumgruppe, und sah, wie sich dort die Herbstblätter in die Luft erhoben und herumwirbelten, genauso, wie sie es bei der tanzenden Puppe getan hatten. Sie setzte ihre Brille auf, und diesmal erschien Ballora ihr näher als je zuvor. Offensichtlich kam sie jeden Tag ein Stückchen näher auf sie zu. Wenn Kasey nur die Jungs dazu bringen könnte, die Puppe ebenfalls zu sehen, würde sie sich viel besser fühlen. Kasey nahm die Brille ab und eilte Jack und AJ nach, die schon ein Stück vorausgegangen waren.

„Wartet, Leute!“, rief Kasey. Sie hielt ihnen die Brille hin. „Setzt sie auf und schaut mal da drüben genau in die Mitte der Baumgruppe.“

„Schon wieder?“, fragte AJ. „Ich nicht. Ich liebe dich wirklich wie eine Schwester, Kasey, aber von diesen Verrücktheiten will ich nichts wissen.“

Jack verdrehte die Augen, sagte aber: „Okay. Gib her.“ Er setzte die Brille auf und schaute in die Richtung, in die Kasey zeigte. „Da ist nichts.“

„Nichts?“ Kasey wurde das Herz schwer.

„Null. Nichts. Nada“, erwiderte Jack. „Ich denke, es gibt zwei Lösungen für dieses Problem. Die eine besteht darin, dich in eine Gummizelle zu sperren. Und die andere ist … die hier.“ Er ließ die Brille in einen Mülleimer in der Nähe fallen. „So. Problem gelöst. Okay?“

Kasey spürte, wie eine Welle der Erleichterung sie überrollte. Jack hatte recht. Keine Brille, kein Problem. „Okay.“ Sie merkte, dass sie sogar ein wenig lächelte. „Danke, Jack.“

„Gern geschehen“, antwortete Jack. „Jetzt musst du dich aber zusammenreißen. Wir brauchen deinen schnellen Verstand und deine flinken Finger. Also kein Theater mehr wegen irgendwelcher abgedrehter Sachen.“

Kasey nickte. Sie konnte nicht fassen, dass ein billiges Spielzeug sie so aus der Bahn geworfen hatte. „Flinker Verstand und flinke Finger. Alles bereit“, meinte Kasey und wackelte mit den Fingern. „Lasst uns doch mit dem Bus zum Supermarkt fahren und probieren, ob wir die Kreditkarte der Frau zum Laufen kriegen.“

„Coole Idee“, sagte Jack. „Siehst du? Es geht dir schon besser.“

Die Jungs gingen weiter in Richtung Bushaltestelle, aber

Kasey zögerte noch. Nur durch die Brille konnte sie Ballora sehen. Aber das bedeutete nicht, dass Ballora nicht mehr da war. Vielleicht verfolgte sie sie immer noch – und kam jeden Tag ein Stück näher –, aber Kasey würde dann nicht wissen, wo sie war. Sie fand, eine unsichtbare Ballora war irgendwie beängstigender als eine sichtbare. Kasey fasste in den Mülleimer, holte die Brille wieder heraus und steckte sie zurück in die Tasche, bevor sie ebenfalls zur Bushaltestelle lief.

Im Supermarkt suchte Kasey sich ein paar neue Stiefel aus – schwer, bequem und einfach praktisch. Alle drei schnappten sie sich Pakete mit Socken, Unterwäsche und T-Shirts. Wenn man zu viel kaufte, würde das Verdacht erregen, also versuchten sie, sich auf die Dinge zu beschränken, die sie am meisten brauchten.

Wie immer war Kasey wegen ihres ehrlichen Gesichts diejenige, die bezahlte. Doch diesmal spielte ihr Gesicht keine große Rolle, denn die Kassiererin scannte die Artikel ein, ohne sie auch nur einmal anzusehen. Dann fragte sie geradezu roboterhaft: „Mit Karte oder in bar?“

„Mit Karte“, erwiderte Kasey und hielt ihr die gestohlene Kreditkarte hin.

Die Frau scannte nun auch die Karte, runzelte dann kurz die Stirn und versuchte es erneut. „Tut mir leid, Ma’am. Die Karte ist abgelehnt worden. Haben Sie noch eine andere, die Sie heute benutzen möchten?“

„Nein, danke.“ Kasey schnappte sich die nutzlose Karte, ließ die Sachen, die sie eigentlich hätte kaufen wollen, einfach liegen und verließ mit schnellen Schritten den

Markt. Draußen warteten Jack und AJ. „Abgelehnt", sagte sie.

„Tja, das ist Scheiße", meinte Jack.

AJ schüttelte den Kopf. „Die Frau muss sie als gestohlen gemeldet haben. Schade. Ich hatte mich schon auf die Socken und meine neue Unterwäsche gefreut."

„Da bleibt uns nur noch eins", sagte Kasey. Sie nahm ihre große Schere aus der Tasche, schnitt die Karte in winzige Stücke und streute die Schnipsel in den nächsten Mülleimer.

Auf dem Weg zurück zum Lagerhaus kamen sie wieder am Park vorbei. In der Nähe hörte Kasey Blätter rascheln. Als sie hinüberblickte, sah sie, wie die Blätter durch die Luft wirbelten, aber das bedeutete noch lange nicht, dass Ballora dort war, sagte sie sich. Sie ballte die Fäuste, um sich davon abzuhalten, die Brille aus der Tasche zu holen. Die wirbelnden Blätter bedeuteten nur, dass es ein windiger Herbsttag war. Sonst nichts.

* * *

Am Abend würden sie ihre Pechsträhne ausgleichen müssen. Zusammengekauert saßen sie in der Lagerhalle, aßen mit den Fingern Ravioli aus der Dose und überlegten, was sie als Nächstes tun konnten.

„Wie wäre es, wenn wir es noch einmal in der Pizzeria versuchen", schlug Jack vor. „Da bezahlen die Leute oft mit Bargeld."

„Nein", entgegnete Kasey entschieden.

„Warum nicht?“, wollte Jack wissen. „Hast du Angst, du erwischst wieder irgendein Spielzeug, auf dem ein Fluch liegt?“

„Darum geht es nicht“, sagte Kasey. Den Spott hatte sie sich wahrscheinlich verdient, denn das mit der Brille war ein wenig aus dem Ruder gelaufen. „Ich mag es nur nicht, wenn wir Kinder abziehen, okay?“

„Wir haben schon lange nicht mehr am Bahnhof gearbeitet“, meinte AJ. „Es ist wirklich einfach, sich dort unter die Leute zu mischen und ein paar Taschen zu klauen. Vielleicht gewinnst du dann dein Selbstvertrauen zurück, Kasey.“

„Ja, lasst uns das machen“, stimmte Kasey zu. Genau das war es, was sie brauchte: einen einfachen Job.

* * *

Sie brauchte nicht einmal in den Bahnhof hineinzugehen, sie musste nur bis zur Hauptverkehrszeit warten. Dann strömte immer ein Haufen Menschen aus dem Bahnhof und es war leicht, unbemerkt in der Menge unterzutauchen. Kasey bahnte sich ihren Weg durch die Menschenmassen und hielt Ausschau nach wohlhabend aussehenden Geschäftsleuten mit Ausbuchtungen in den Gesäßtaschen, wo eine Geldbörse stecken konnte. Sie hatte gerade ein perfektes Opfer gefunden und wollte zugreifen, als jemand ihren Arm packte. Sie erschrak heftig, doch dann erkannte sie, dass es Jack war. Er murmelte: „*Verschwinden wir.*“

Als sie die zuckenden blauen und roten Lichter sah, verstand sie.

Ein Polizeiwagen hatte am Bordstein gehalten. Kasey und AJ und Jack ließen sich von der Menge dahintragen, als seien sie selbst gerade aus dem Zug gestiegen. Kasey atmete erst wieder auf, als die zuckenden Lichter weit hinter ihnen waren.

„Hätte dieser Tag noch schlimmer werden können?", fragte Jack, als sie wieder im Lagerhaus waren.

„Das Pech schlägt immer dreimal zu", meinte AJ und streckte drei Finger in die Luft. „Zweimal haben wir hinter uns, einmal ist noch dran."

„Ich bin nicht abergläubisch", entgegnete Jack. „Ich glaube nicht an schwarze Katzen oder zerbrochene Spiegel. An gar nichts."

Es war kühl in der Lagerhalle, wärmer zwar als draußen, aber immer noch nicht wirklich warm. Kasey entschied sich, ihre Jacke anzulassen. Nachts wurde es meist noch kühler, und ihre Hände waren kalt. Bald würde sie sich ein paar Handschuhe kaufen oder welche stehlen müssen. Sie schob die Hände in ihre Jackentaschen, um sie zu wärmen. Da war ihre Brille. Wo war Ballora? War Ballora auf dem besten Weg, sie sich zu schnappen? Würde sie jetzt zum dritten Mal Pech haben? Ihr schlug das Herz bis zum Hals, und sie rannte an Jack und AJ vorbei, hinaus aus dem Lagerhaus. Kälte war im Moment die geringste ihrer Sorgen.

Draußen stützte sie den Kopf in die Hände und ging auf und ab. Schließlich griff sie mit zitternder Hand in ihre Tasche und holte die Brille heraus.

Sie setzte sie auf, sie konnte nicht anders. Dort, im Licht einer nur wenige Meter entfernten Straßenlaterne, drehte Ballora ihre Pirouetten. Näher war sie noch nie gewesen. Kasey konnte jedes Gelenk ihres Körpers erkennen, jedes Detail in ihrem Gesicht, ihrem Oberkörper, jede Falte ihres Tutus. Sie war schön und schrecklich zugleich, und sie kam definitiv immer näher.

Kasey riss sich die Brille herunter und schob sie zurück in die Jackentasche. Dann setzte sie sich auf den kalten, feuchten Bordstein und versuchte nachzudenken. Jedes Mal, wenn sie jetzt Ballora gesehen hatte, war sie ein bisschen näher herangekommen. Was würde passieren, wenn Ballora nahe genug war, um sie zu berühren? Könnte Ballora sie zu fassen bekommen?

Für Kasey war es ein Gefühl, als würde sie auf eine Strafe warten. Sie wusste nicht, ob sie schnell zuschlagen würde oder langsam und quälend. Und sie wollte es auch gar nicht wissen.

Es musste einen Weg geben, um der Tänzerin zu entkommen, dachte Kasey. Das erste Mal war Ballora vor der *Circus Baby's Pizza World* aufgetaucht, dem Ort, an dem Kasey die Brille gestohlen hatte. Seitdem hatte Ballora sie durch die ganze Stadt verfolgt. Vielleicht, dachte Kasey, konnte Ballora ihr nur in der Stadt folgen, in der sie die Tat begangen hatte. Wenn sie irgendwo anders hinging, könnte sie Ballora vielleicht abschütteln.

Einen Versuch war es wert.

Kasey wartete, bis Jack und AJ schliefen, dann schlich sie sich in das Lagerhaus, rollte leise ihren Schlafsack zusammen und griff sich ihren Rucksack mit ihren Habseligkeiten. Aus dem Versteck nahm sie sich ihren Teil des Geldes und überließ Jack und AJ den Rest. Die beiden würde sie nicht bestehlen. Sie waren wie Brüder für sie gewesen – manchmal nervig, aber auf ihre eigene Art gut zu ihr.

Zum Busbahnhof war es ein langer Weg. Dort schaute sie auf die Fahrpläne. Der nächste Bus fuhr um sechs Uhr morgens nach Memphis. Das war keine schlechte Idee. Sie kaufte eine Fahrkarte, die sie die Hälfte ihres Geldes kostete, und ließ sich dann auf einer Bank nieder, weil sie versuchen wollte, ein paar Stunden zu schlafen. Um 4 Uhr 30 wachte sie auf, als sie merkte, dass ganz in Ihrer Nähe jemand war. Sie umklammerte ihren Rucksack, um ihre Habseligkeiten vor solchen Leuten zu schützen.

„Tut mir leid. Ich wollte Sie nicht aufwecken." Die Stimme gehörte zu einer schlanken Frau mit grauem Haar und einer Haut, die ein paar Schattierungen dunkler war als die von Kasey. Sie trug ein buttergelbes geblümtes Kleid und einen dazu passenden Hut. Sie sah aus, als wollte sie in die Kirche gehen.

„Schon okay", erwiderte Kasey. „Ich kann sowieso nicht mehr lange schlafen. Mein Bus fährt in eineinhalb Stunden."

„Wo wollen Sie denn hin?" Die Frau ließ sich neben Kasey nieder.

Eine Sekunde lang überlegte Kasey, ob sie es ihr sagen sollte, aber der Ton der alten Frau war so freundlich, dass sie keinen Nachteil darin sah. „Memphis", erklärte sie.

„Oh, das ist ja keine allzu lange Reise", meinte die Frau.

„Ich fahre nach Chicago, um meinen Sohn und meine Schwiegertochter und meine Enkel zu besuchen. Es wird nett werden, wenn ich erst mal da bin, aber die Busfahrt ist lang. Haben Sie Familie in Memphis?“

„Nein, Ma'am“, antwortete Kasey. „Ich bin auf der Suche nach einem Neuanfang.“ Sie konnte der alten Dame ja nicht sagen, dass sie vor einer Ballerina-Puppe auf der Flucht war, die es möglicherweise auf sie abgesehen hatte. Das hätte mit Sicherheit ein schnelles Ende des Gesprächs bedeutet.

„Haben Sie einen Job in Aussicht?“, erkundigte sich die ältere Frau.

„Nein, aber ich werde schon etwas finden“, meinte Kasey. „Das tue ich immer.“

„Gut für Sie“, sagte die Frau und tätschelte Kaseys Arm. „Junge Menschen mit etwas Grips gefallen mir.“ Sie nahm eine große Tragetasche vom Boden hoch und begann darin zu wühlen. „Haben Sie Hunger? Ich habe genug Frühstück, Mittag- und Abendessen für eine ganze Armee eingepackt. Das Essen hier am Busbahnhof bezahle ich auf keinen Fall. Es ist teuer, es schmeckt nicht und es ist nicht gesund.“

Kasey war tatsächlich hungrig. Sie hatte es gar nicht bemerkt, bis die Frau das Essen erwähnt hatte. „Ein bisschen durchaus. Aber sie müssen nicht mit mir teilen, wenn Sie nicht ...“

„Ich habe genug dabei, Liebes.“ Aus der Tasche holte sie eine kleine Flasche Orangensaft, kalt und feucht von Kondenswasser. Dann reichte sie Kasey ein Päckchen, das in Alufolie eingewickelt war. „Schinkenbrötchen“, sagte sie.

„Sie gehören doch nicht zu den jungen Leuten, die kein Schweinefleisch essen, oder?“

„Nein, Ma'am“, erwiderte Kasey. „Ich esse alles, was man mir vorsetzt. Vielen Dank.“ Das Brötchen war selbst gebacken und schön locker und der Schinken sehr lecker. So gut hatte Kasey seit Langem nicht mehr gegessen. „Sehr köstlich“, sagte sie.

„Schön, dass es Ihnen schmeckt.“ Die alte Frau tätschelte erneut Kaseys Arm, dann erhob sie sich etwas steif von der Bank. „Ich glaube, ich gehe noch einmal auf die Toilette, bevor ich in den Bus steige. Die Toiletten im Bus sind kein Spaß. Ich mag Toiletten lieber, die sich nicht von der Stelle rühren.“

Kasey lachte. „Ja, Ma'am.“ So nett hatte sie sich schon lange nicht mehr unterhalten.

Einen Moment lang blickte die alte Frau Kasey an. „Hören Sie, ich weiß, es geht mich nichts an, aber da ich Sie nicht wiedersehen werde, kann ich vielleicht doch etwas sagen. Sie scheinen eine junge Frau zu sein, die vor etwas davonläuft. Meiner Erfahrung nach folgen einem die Probleme nur, vor denen man wegläuft. Verstehen Sie ungefähr, was ich meine?“

Kasey nickte. Sie konnte der Frau nicht in die Augen sehen. „Es ist besser, Brücken zu bauen, als sie einzureißen, Liebes. Vergessen Sie das nie.“

Die alte Dame wankte steif davon, und Kasey fröstelte bei dem Gedanken, dass ihre Probleme ihr folgen könnten. Das Ballora ihr folgen würde. Sie hoffte von ganzem Herzen, dass die alte Dame sich irrte.

Die meiste Zeit der langen Busfahrt schlief Kasey, wachte aber gelegentlich auf und betrachtete dann durchs Fenster die vorbeiziehende Landschaft. Es war die längste Reise, die sie je unternommen hatte, deswegen konnte sie die Aussicht genauso gut genießen.

Je mehr Meilen sie zurücklegte, desto hoffnungsvoller fühlte sie sich. Ein Neuanfang. Das war ihr Ziel, hatte sie der alten Dame gesagt, und vielleicht stimmte das ja auch tatsächlich. Keine Diebestouren mehr, kein Leben in Furcht, keine Ballerina-Puppe, die ihr ständig folgte.

* * *

Kasey verließ den Busbahnhof und trat hinaus in die Sonne von Memphis. Das Schild an einem heruntergekommenen, türkisfarbenen Motel namens *Best Choice Inn* bot Zimmer für 29,90 Dollar pro Nacht an. Kasey bezweifelte ernsthaft, dass es sich hierbei um die beste Wahl handelte, aber es war besser, als auf der Straße zu schlafen, und sie hatte vierzig Dollar in der Tasche.

Sie ging in das dunkle Büro des Hotels, reichte einer hageren Frau im Hausmantel und in Badelatschen einen Zehner und einen Zwanziger.

In dem Zimmer gab es eine jahrzehntealte, billige Vertäfelung und einen Teppich, der einst hellbraun gewesen war und im Laufe von vielen Jahren von unachtsamen Gästen versaut worden war. Aber es gab auch ein Doppelbett und Kabelfernsehen und ein Bad, das Kasey ganz für sich allein hatte.

Ihren Neuanfang begann sie mit einer Dusche.

Kasey ließ das heiße Wasser auf ihren Nacken und ihre Schultern prasseln. Sie konnte sich nicht erinnern, wann sie sich das letzte Mal die Haare gewaschen hatte, und sie benutzte die gesamte kleine Flasche Shampoo, die das Hotel zur Verfügung stellte, um damit ihre Zöpfe und ihre Kopfhaut einzuschäumen. Sie seifte sich von Kopf bis Fuß ein und ließ sich von dem heißen Wasserstrahl sauberspülen. Es war einfach himmlisch. Kasey hatte immer versucht, sich zu pflegen, als sie auf der Straße lebte, aber Babytücher und die Toilette in einem Burger-Restaurant waren mit einer richtigen heißen Dusche nicht zu vergleichen.

Nachdem sie sich abgetrocknet hatte, putzte sich Kasey die Zähne und zog die sauberste Kleidung an, die sie noch hatte. Es wurde Zeit, sich auf die Suche nach ihrem Neustart zu machen.

Als sie durch die Straßen von Memphis schlenderte, stieß sie auf ein altes Diner namens *Royal Café*. Im Fenster entdeckte sie ein handgeschriebenes Schild, auf dem stand MITARBEITER GESUCHT. Das Café war alles andere als königlich, genauso wenig wie das Motel, in dem sie untergekommen war, die beste Wahl bot, aber sie musste realistisch bleiben.

Wie lange war es her, dass sie in einem richtigen Job gearbeitet hatte?

Nicht mehr, seit ihrer Zeit bei *Famous Fried Chicken*, wo sie den Zwanziger gestohlen und ihre kriminelle Karriere begonnen hatte.

Als sie den Laden betrat, sagte eine blonde Kellnerin, die

zwischen fünfunddreißig und fünfundsechzig Jahre alt hätte sein können: „Setzen Sie sich, wo immer Sie möchten."

„Ich bin wegen des Jobs hier", erwiderte Kasey.

Die Kellnerin drehte sich um und rief: „Jimmy!"

Ein olivhäutiger Mann mit müden Augen kam aus der Küche und trocknete sich die Hände an einem Handtuch ab. Seine Schürze war mit Fettflecken übersät, von denen nur die wenigsten frisch waren. „Ja?", fragte er.

„Sie ist wegen des Jobs hier", meinte die Kellnerin. Ihr Tonfall verriet, dass sie Kasey nicht für eine besonders geeignete Kandidatin hielt.

„Hast du schon mal Tische abgeräumt und Geschirr gespült?", fragte der Mann, der vermutlich Jimmy war.

„Klar", sagte Kasey. Das hatte sie zwar nicht, aber wie schwer sollte das sein?

„Die Spülwannen und Geschirrtabletts können ziemlich schwer sein. Meinst du, du schaffst das? Du bist ja ziemlich klein."

„Ich bin klein, aber stark."

Er lächelte ein wenig. „Hast du auch einen Namen?"

„Kasey."

„Wann kannst du anfangen, Kasey?"

Es war kein sehr anspruchsvolles Einstellungsgespräch. Sie hatte ihm nicht einmal ihren Nachnamen genannt. „Ab wann brauchen Sie mich?"

„Wie wäre es mit sofort?"

Da sie ohnehin nichts anderes zu tun hatte, konnte sie auch gleich damit anfangen, Geld zu verdienen. „Klar. Aber muss ich nicht erst angelernt werden?"

Jimmy musterte sie, als hätte sie gerade eine ziemlich dämliche Frage gestellt. „Du holst eine Spülwanne. Du räumst das Geschirr von den Tischen und stellst es in die Wanne. Dann trägst du das Geschirr in die Küche und spülst es ab, lädst es in die Maschine und schaltest sie ein. Wenn das Geschirr sauber ist, räumst du die Spülmaschine aus und stapelst das Geschirr in die Regale. Hast du das verstanden?“

„Ja, Sir.“

„Gut. Das war dein Training. Es gibt den Mindestlohn, und der wird am Ende der Woche in bar ausgezahlt. Du arbeitest von sieben bis vierzehn Uhr, Montag bis Freitag, dazu gibt es eine freie Mahlzeit pro Schicht. Ist das okay für dich?“

„Ja, Sir.“ Die Bezahlung war mäßig, aber sie würde um zwei Uhr Feierabend haben, und eine kostenlose warme Mahlzeit jeden Tag war auch eine Hilfe.

„Gut“, sagte er. „Dann an die Arbeit.“

* * *

Der Job war gar nicht schlecht. Jimmy schrie zwar viel, aber es war nie irgendwie persönlich. Kasey konnte ihr Zimmer im *Best Choice Inn* Woche für Woche mieten. Dort standen ihr die Waschküche, die Dusche und das Kabelfernsehen zur Verfügung, und die eine Mahlzeit am Tag im Diner trug viel dazu bei, dass sie satt wurde. Außerdem war Jimmy ein guter Koch. Er meinte, sie sei zu dünn, und sein Mittagstisch mit Braten und Truthahn und leckerem Dressing brachte ihr allmählich ein wenig Fleisch auf die Knochen. Körperlich war die Arbeit hart, aber geistig anspruchslos, sodass sie ihren Tagträumen nachhängen konnte.

Ihr einziges Problem bestand darin, dass Brenda, die Kellnerin, die sie gleich zu Anfang kennengelernt hatte, eine Abneigung gegen sie zu hegen schien.

„Ist das dein richtiger Name – Kasey?“, fragte Brenda sie eines Tages, während Kasey einen Tisch abräumte.

„Sicher.“ Sie blickte nicht auf, sondern lud einfach das Geschirr weiter in die Spülwanne.

„Ich habe mich nur gewundert, weil du Jimmy nicht mal deinen Nachnamen gesagt hast. Er achtet auf so was vielleicht nicht, aber ich schon.“

„Ist das so?“, fragte Kasey und kippte das restliche Besteck in die Spülwanne.

„Du wirkst ziemlich durchtrieben auf mich“, meinte Brenda und blickte sie aus schmalen Augen an. „Als ob du irgendetwas verheimlichst.“

„Jeder hat irgendetwas zu verbergen“, antwortete Kasey leichthin, und hob die schwere Wanne hoch. „Selbst wenn es nur die löchrige alte Unterwäsche ist, die man drunter trägt.“

Sie trug die volle Spülwanne zurück in die Küche. Unter keinen Umständen würde Brenda etwas über Kaseys Vergangenheit als Diebin herausfinden können. Glücklicherweise war sie nicht polizeibekannt, da man sie nie erwischt hatte. Trotzdem vermittelte Brenda Kasey das Gefühl, sie im Auge zu behalten, und dieses Gefühl mochte Kasey nicht.

Eines Nachmittags, als Kasey wieder die Tische abräumte, entdeckte sie zwei Fünf-Dollar-Scheine, die unter dem Salzstreuer lagen.

Die beiden Fünfer erinnerten sie an den Zwanzig-Dollar-Schein, den sie bei *Famous Fried Chicken* so leicht hatte erbeuten können.

Es juckte sie in den Fingern.

Brenda machte gerade fünf Minuten Pause und war nach draußen gegangen, und Kasey war sich sicher, dass sie das Geld nicht gesehen hatte.

Mit einer schnellen Bewegung nahm sie einen der beiden Fünf-Dollar-Scheine an sich und ließ den anderen liegen, wo er war.

Wirklicher Diebstahl war das nicht, befand Kasey. Das Trinkgeld wurde immer hälftig zwischen demjenigen, der die Kunden bediente, und der Küchenhilfe, die später den Tisch aufräumte, geteilt. Das Aufräumen war schwieriger. Die meisten Kunden waren unordentlich. Das Trinkgeld zu teilen, war absolut fair.

Kasey sagte sich, dass sie es sich nicht zur Gewohnheit machen wollte, Trinkgeld an sich zu nehmen. Und das tat sie auch nicht – nicht wirklich. Sie stahl nur, wenn Brenda Pause hatte oder gerade wegschaute, und sie nahm nie das ganze Trinkgeld. Wenn ein Kunde drei Dollar gab, nahm Kasey einen. Wenn ein Kunde sieben gab, nahm Kasey zwei. Es war nicht viel, aber es half bei den kleinen Dingen des täglichen Lebens – um eine Ladung Wäsche im Hotel zu waschen oder für ihren Fernsehabend Snacks und Limonade zu kaufen.

Und außerdem war Brenda immer gemein zu ihr. Ein bisschen von ihrem Trinkgeld abzuknapsen, war eine kleine Entschädigungszahlung für unerfreuliche Schichten.

* * *

Als Kasey an diesem Tag zur Arbeit ging, war sie ungewöhnlich hungrig. Sie ignorierte die vom Herbstwind verteilten Blätter, die in ihrer Nähe herumwirbelten, und sie ließ die Brille in ihrer Jackentasche. Sie zwang sich, nicht an Ballora zu denken, sondern stattdessen an das Essen. Normalerweise aß sie ihre kostenlose Mahlzeit pro Schicht immer mittags, aber heute, so dachte sie, konnte sie sich genauso gut ein Frühstück bestellen. Das „Frühstück Royal“ sollte es sein, beschloss sie. Dazu gehörten drei Buttermilchpfannkuchen, zwei Eier nach Wahl sowie Speck und Pommes frites. Sie war heute früh dran, also würde sie Zeit haben, in Ruhe zu essen, bevor die ersten Kunden kamen.

Als sie das Restaurant betrat, saßen Jimmy und Brenda zusammen an einem Tisch, als ob sie auf etwas warteten. Sie wirken nicht sonderlich entspannt.

„Kasey, ich bin froh, dass du heute Morgen so früh kommst“, sagte Jimmy und bedeutete ihr, sich ihnen gegenüber hinzusetzen. „Wir müssen reden.“

Wenn jemand sagte, wir müssen reden, war das, was dann folgte, nach Kaseys Erfahrung selten positiv. Niemand hatte je zu ihr gesagt: „*Wir müssen reden. Wie wäre es mit einer Gehaltserhöhung und ein paar von den frisch gebackenen Keksen?*“

Mit einem mulmigen Gefühl nahm Kasey Platz.

Jimmy verschränkte die Hände vor sich auf dem Tisch. „Brenda hat mir gesagt, dass sie, seit du hier arbeitest, viel weniger Trinkgeld bekommt. Kannst du etwas dazu sagen?"

Der Hunger in Kaseys Magen verwandelte sich schlagartig in Angst. „Woher soll ich wissen, was Brenda an Trinkgeld verdient?", fragte sie.

„Nun ja", meinte Jimmy, „die Gäste lassen ihr Trinkgeld auf dem Tisch liegen, und manchmal liegt das Geld noch dort, wenn du abräumst, daher …"

„Ich weiß, dass du mein Trinkgeld vom Tisch gestohlen hast!", fuhr Brenda sie an. Ihr Gesicht war rot vor Wut. „Nicht das ganze Geld, damit ich es nicht merke. Aber ich habe es doch gemerkt! Ich kenne meine Stammkunden. Ich weiß, was sie bestellen, und ich weiß, wie viel Trinkgeld sie geben."

Kasey erinnerte sich an die erste Regel ihrer Laufbahn als Diebin: *Wenn du beschuldigt oder erwischt wirst, leugne, leugne, leugne*. „Hör zu, Brenda, ich weiß, dass du mich von Anfang an nicht gemocht hast. Und das ist auch in Ordnung. Du musst mich nicht mögen. Aber das heißt nicht, dass du das Recht hast, mir irgendwelche Dinge zu unterstellen."

„Siehst du?" Brenda stieß Jimmy mit dem Ellbogen an. „Durchtrieben, wie ich gesagt habe. Willst du sie nicht feuern?"

Jimmy schloss die Augen und massierte seine Schläfen, als hätte er starke Kopfschmerzen.

Er schwieg so lange, dass Kasey schließlich die Stille unterbrach und fragte: „Werde ich gefeuert, Jimmy?"

Jimmy öffnete die Augen. „Du wirst nicht gefeuert. Du wirst beobachtet. Wenn an dem, was Brenda sagt, etwas dran ist, dann hör auf damit, sonst fliegst du. Und jetzt zurück an die Arbeit."

„Ja, Sir."

„Hör auf damit?", fragte Brenda. „Das ist alles?"

„Wie ich schon sagte, ich behalte sie im Auge", erwiderte Jimmy und warf dann einen Blick zur Tür. „Da kommt der morgendliche Ansturm. Also mach dich jetzt lieber auch an die Arbeit."

* * *

Auf dem Heimweg kam Kasey an einer Wiese vorbei, auf der sich auf einmal die herbstlichen Blätter vom Boden erhoben und im Kreis herumwirbelten. *Schön*, dachte sie, und dann setzte sie sich die Brille auf. Und da war Ballora, drehte sich auf der Stelle und das näher als je zuvor. Offensichtlich gab es vor ihr kein Entrinnen.

Kasey wurde schwindelig. „Warum?", schrie sie. „Warum verfolgst du mich ständig?" Mehrere Leute drehten sich um und musterten sie, als sei sie verrückt. War sie verrückt? Sie wusste es nicht einmal.

In dieser Nacht träumte Kasey, sie säße in einem wunderschönen Theater mit einer goldenen Kuppel auf einem mit rotem Samt bezogenen Sitz. Das Theater war leer bis auf Kasey. Die Lichter verloschen, sodass der Zuschauerraum in Dunkelheit versank. Dann begann das Orchester zu spielen.

Auf der Bühne ging das Licht an, und Ballora tanzte auf Zehenspitzen. Sie tanzte auf der linken Seite der Bühne, und ein riesiges lila-goldenes Banner wurde von der Decke herabgerollt. Darauf stand in großen Lettern das Wort „LÜGNERIN“. Ballora schlug die Hände an die Wangen, als sei sie erschrocken, dann erhob sie die Arme und drehte eine lange Pirouette. So tanzte sie hinüber zur rechten Seite der Bühne, wo ein weiteres großes lila-goldenes Banner ausgerollt wurde. Darauf stand das Wort „DIEBIN“. Wieder legte Ballora ihre Hände an die Wangen, dann tanzte sie in der Mitte der Bühne, drehte sich und blickte dann ganz direkt Kasey an. Sie deutete auf sie, und ein weiteres Banner wurde in der Mitte der Bühne entrollt. Darauf stand: „DU“.

Keuchend und in kaltem Schweiß gebadet wachte Kasey auf. Sie sprang aus dem Bett, warf sich ein paar Klamotten über, riss die Schubladen der Kommode auf und stopfte den Rest ihrer Klamotten in den Rucksack, zusammen mit der Kaffeedose voller Geld, das sie sich von ihrer Arbeit im *Royal Café* abgespart hatte. Dorthin konnte sie nicht zurückkehren. Man war ihr auf der Spur. Sie warf ein paar Scheine auf den Nachttisch, um den Rest der Miete zu bezahlen, dann ging sie in Richtung Busbahnhof.

Die frische Luft beruhigte sie ein wenig. Sie schob die Hände in ihre Jackentasche. Da war die Brille. Sie beschloss, einen letzten Blick hindurchzuwerfen. Diesmal würde sie Ballora wirklich hinter sich lassen. Mit zitternden Fingern nahm sie die Brille heraus und setzte sie auf.

Ballora tanzte nur ein paar Meter von ihr entfernt. Kasey konnte jedes einzelne Gelenk sehen, jeden winzigen Makel in der Lackierung. Würde sie nur zwanzig Schritte gehen, würde sie so dicht vor der Tänzerin stehen, dass sie einander würden berühren können. Kasey überlief ein Schauer und sie nahm die Brille ab.

Okay, ich hab verstanden, dachte sie. Ich habe nicht wirklich einen Neuanfang gemacht. Ich habe gestohlen, und ich habe gelogen. Aber wenn ich davonkomme, von ihr wegkomme, kann ich wirklich neu anfangen. Dann werde ich eine vorbildliche Bürgerin sein.

Der nächste Bus, der die Stadt verließ, fuhr nach Nashville. *Nashville*, dachte Kasey. *Warum nicht? Eine neue Stadt, ein neuer Job, ein neuer Anfang. Und diesmal wirklich.*

Als Kasey schließlich im Bus saß, versank sie sofort in einen traumlosen Schlaf.

* * *

Das *Music City Motel*, in dem Kasey ein Zimmer mietete, hatte die gleiche billige Vertäfelung und den gleichen fleckigen Teppich wie das Motel in Memphis, kostete aber pro Nacht fünf Dollar mehr. Als sie auf der klumpigen Matratze lag und die Stellenanzeigen in der Zeitung durchging, sagte sich Kasey, dass sie unbedingt ein richtiges Leben beginnen musste. Sie musste wirklich leben, anstatt nur zu überleben. Sie brauchte einen Job, der ihr so etwas wie eine Zukunft bieten konnte. Sie musste ein paar Freunde finden, etwas Geld sparen, um sich die kleine Wohnung leisten zu können, von der sie als Kind geträumt hatte. Vielleicht würde sie abends wieder zur Schule gehen und ihren Abschluss nachholen können. Und sie könnte sich einen Hund zulegen. Einen Hund hatte sie schon immer gewollt. Als sie die Anzeigen durchging, fiel ihr besonders eine davon ins Auge:

KEINE ERFAHRUNG NÖTIG
AUFSTIEGSMÖGLICHKEITEN

Beantworten Sie eingehende Anrufe für ein großes Einzelhandelsunternehmen.

Sie sollten aufgeschlossen und kommunikativ sein

Sie arbeiten in einem lebendigen Umfeld voller Herausforderungen

Anfangsgehalt 12 Dollar pro Stunde, je nach Leistung auch mehr möglich.

Offene Vorstellungsgespräche Mo.–Fr. 9:00–14:00 Uhr.

Das klang besser als Geschirr zu spülen. Aber Kasey besaß nichts, was sie zu einem Vorstellungsgespräch für einen Bürojob hätte anziehen können. Sie erinnerte sich an einen Kurs über Wirtschaftskommunikation, den sie mal an der Highschool belegt hatte. Im Lehrbuch hatte es ein ganzes Kapitel darüber gegeben, wie man sich auf ein Vorstellungsgespräch vorbereitet und wie man sich kleidet. Zerrissene, ausgeblichene Jeans und alte, mit Klebeband geflickte Stiefel standen definitiv nicht auf der Liste mit der akzeptablen Kleidung.

Kasey holte die Kaffeekanne aus der Schublade in der Kommode, wo sie sie versteckt hatte. Sie kippte ihr ganzes Geld aufs Bett und zählte es. 229,76 Dollar. Wenn sie davon abzog, was sie für das Zimmer und die wenigen Lebensmittel brauchte, blieben ihr 44,76 Dollar. Sicherlich konnte sie sich davon etwas zum Anziehen kaufen.

Zu Fuß machte sie sich auf die Suche nach einem Klamottengeschäft. Sie vermutete, dass sich die Läden mit den schöneren Dingen nicht auf dieser Seite der Stadt befanden, wo sich billige Motels und Pfandleih- und Kautionsbüros aneinanderreihten. Aber sie wollte auch nichts von ihrem wenigen Geld für eine Busfahrt ins Einkaufszentrum verschwenden. Und außerdem würde sie sich in einem der besseren Läden sowieso nichts leisten können.

Nach einer Stunde Fußmarsch schmerzten ihre Füße in den ramponierten Stiefeln, doch dann fand sie einen Laden namens *Unique Fashions*. Im Fenster stellten weiße kahlköpfige und gesichtslose Schaufensterpuppen farbenprächtige Kleider zur Schau. Sicherlich würde ein Laden in dieser Gegend nicht allzu teuer sein.

Kasey öffnete die Tür und zuckte ein wenig zusammen, als eine Glocke ertönte. Sie ging an einem bodenlangen Spiegel vorbei und sah sich selbst so, wie andere Leute sie sehen mussten: Ihre Kleidung war alt und ausgebeult, ihr Gesicht nach all den Jahren müde. Sie wirkte nicht, als gehöre sie in diesen Laden mit seiner hellen Beleuchtung und den ordentlichen Regalen voller Kleider, Oberteile und Röcke. Vielleicht sollte sie lieber wieder gehen.

„Sag mir einfach Bescheid, wenn ich dir mit irgendetwas helfen kann, Schätzchen", sagte die Frau hinter dem Tresen. Sie war etwa so alt wie Kaseys Mutter, trug ein kanarienvogelgelbes Kleid mit einem leuchtenden Halstuch und perfekt aufgetragenem Make-up. Kasey fragte sich, ob sie jemals würde so aussehen können. „Danke", sagte sie.

Kasey stöberte zwischen den Kleiderständern, ohne genau zu wissen, was sich für ein Vorstellungsgespräch eignen würde. Nicht einmal ihre Größe kannte sie genau. Schließlich fand sie ein rotes Kleid, das mit cremefarbenen Blumen übersät war. Sie erinnerte sich daran, dass ihr einmal ein süßer Junge in der Highschool gesagt hatte, rot sei ihre Farbe. Sie wusste, dass ihr das Kleid gut stehen würde.

Wie von Geisterhand geschickt erschien die Verkäuferin, die eben noch an der Kasse gestanden hatte, neben ihr. „Möchtest du das anprobieren, Schätzchen?"

Kasey nickte. „Leider habe ich schon so lange kein Kleid mehr getragen, dass ich gar nicht weiß, welche Größe ich brauche."

Die Frau musterte sie von Kopf bis Fuß. „Du bist sehr klein. Ich würde es mal mit einer 32 versuchen." Sie lächelte. „Bei mir ist es lange her, dass ich eine 32 tragen konnte – ungefähr drei Kinder. Ich wette, die hast du noch nicht, oder?"

„Nein, Ma'am, noch nicht." Kasey hielt sich an dem Kleid fest und versuchte, sich eine Zukunft mit einem festen Job, einer schönen Wohnung, vielleicht sogar einem Mann und Kindern vorzustellen. Kam so ein Leben für jemanden wie sie überhaupt infrage? Es war schon ziemlich schwer, sich das auch nur vorzustellen.

„Die Umkleidekabinen sind da drüben“, sagte die Verkäuferin. „Ruf mich einfach, wenn du noch etwas brauchst.“

„Danke.“ Kasey schloss sich in einer der winzigen Kabinen ein und zog Stiefel, Jacke, Jeans und das T-Shirt aus. Dann schlüpfte sie in das Kleid und betrachtete sich im Spiegel. Die Verkäuferin hatte recht gehabt. Kasey hatte Größe 32. Das Kleid saß perfekt – nicht zu locker und nicht zu eng – und das Rot mit dem cremefarbenen Druck darauf passte zu ihrem Teint. Sie sah seriös aus. Wie ein normaler Mensch, der zu einem normalen Vorstellungsgespräch ging.

Nur eines hatte sie vergessen.

Sie betrachtete ihre nackten Füße, die in einem Bürojob sicherlich nicht akzeptabel waren. Aber sie würde zu ihrem schönen neuen Kleid auch keine verschlissenen und geklebten Stiefel tragen können.

Ziemlich entmutigt zog sie das Kleid wieder aus und streifte ihre alten Sachen über. Dann nahm sie das Kleid mit aus der Umkleidekabine.

Im hinteren Teil des Ladens gab es eine kleine Schuhabteilung. Sie überlegte, dass sie ja zumindest mal nachsehen könnte, wie viel ein neues Paar kosten würde. Sie entdeckte ein paar anständig aussehende, hellbraune flache Schuhe, die im Angebot waren, für 21,97, aber die Schuhe und auch noch das Kleid würde sie sich nicht leisten können, auch nicht zu dem reduzierten Preis.

Verzweifelt und voller Panik blickte Kasey sich möglichst unauffällig in dem Laden um. Kameras konnte sie keine entdecken, und die Verkäuferin war damit beschäftigt, einer anderen Kundin zu helfen, einer eleganten Dame, die eine rosa Jacke anprobierte.

Es würde das letzte Mal sein, schwor sich Kasey. Sie tat es nur, damit sie zum Vorstellungsgespräch gehen konnte. Sie rollte das Kleid so klein wie möglich zusammen und stopfte es in ihren Rucksack. Dann holte sie tief Luft, schnappte sich den Schuhkarton mit den flachen Schuhen und ging damit zur Kasse.

Als die Verkäuferin kam, um zu kassieren, fragte sie: „Hast du dich gegen das Kleid entschieden?“

„Heute nehme ich nur die hier“, antwortete Kasey und reichte der Verkäuferin einen Zwanziger und einen Zehner. Wenigstens bezahlte sie die Schuhe und stahl sie nicht auch noch, dachte Kasey. Außerdem hätten sie auch nur schwer in ihre Tasche gepasst.

Die Verkäuferin gab Kasey das Wechselgeld, schob den Schuhkarton in eine Tüte und reichte ihn ihr. „Danke, Schätzchen. Ich hoffe, du kommst uns bald wieder besuchen.“

Als Kasey sich dem Ausgang näherte, ertönte plötzlich ein lautes Summen. Kaseys Magen verknotete sich vor Angst. Das Kleid musste irgendwie gegen Diebstahl geschützt sein und hatte so den Alarm aktiviert. Erwischt. Sie war bisher noch niemals erwischt worden.

„Warte mal kurz, Schätzchen“, rief die Verkäuferin. „Ich habe die Schuhe wohl nicht richtig gescannt.“

Kasey wollte gerade losrennen, aber vor der Eingangstür des Geschäfts erhob sich ein wütender Tornado aus Hunderten von Herbstblättern. Kasey brauchte die Brille gar nicht erst aufzusetzen, um zu wissen, dass Ballora genau im Zentrum des Sturms stand. Ihr schlug das Herz bis zum Hals.

Kasey wusste, wenn sie jetzt aus der Tür stürmte, würde sie direkt in Ballora hineinlaufen.

Sie saß in der Falle. So oder so. Wenn sie im Laden blieb, war ihr zumindest klar, wie die Konsequenzen aussehen würden. Wenn sie sich Ballora auslieferte, hatte sie keine Ahnung, was passieren würde. Sie stellte sich nur immer wieder Balloras langen, scharfen Nägel vor. Und ihre Zähne.

Der heulende Alarm schmerzte in Kaseys Ohren und machte es ihr unmöglich, klar zu denken.

„Gibt es ein Problem, Helen?“ Eine andere, ebenfalls gut gekleidete Frau, wahrscheinlich die Chefin, war aus dem hinteren Teil des Ladens gekommen.

In Sekundenschnelle waren die Chefin und die Verkäuferin bei Kasey.

„Lass mich mal kurz in deine Tasche sehen“, sagte die Verkäuferin.

Kasey übergab die Tasche und hoffte, dass niemand bemerkte, wie sehr sie zitterte.

Die Verkäuferin zeigte der Chefin die Quittung. „Sehen Sie, der Einkauf ist bezahlt.“

Die Chefin musterte Kasey, als könne sie jede Missetat sehen, die Kasey jemals begangen hatte. „Ich denke, wir sollten auch einen Blick in ihren Rucksack werfen." Sie wandte sich an Kasey. „Ich möchte, dass du deinen Rucksack aufmachst und uns hineinsehen lässt. Wenn alles in Ordnung ist, kannst du gehen und wir entschuldigen uns für die Unannehmlichkeiten."

Kasey blickte nach draußen. Die Blätter wirbelten jetzt direkt vor der Tür und manche schlugen gegen das Glas.

Sie schluckte schwer. Ihr blieb keine Wahl.

Kasey öffnete ihren Rucksack. Das Rot des Kleides, das sie darin verstaut hatte, leuchtete so hell wie Blut.

„Das ist das Kleid, das sie anprobiert hat!", sagte die Verkäuferin. Sie klang, als handele es sich bei Kaseys Diebstahl um eine persönliche Beleidigung.

Die Chefin griff nach Kaseys Arm. „Das war's dann für dich", sagte sie. „Ich muss jetzt leider die Polizei rufen."

Kasey schaute nach draußen auf die wirbelnden Blätter, dann wieder in die strengen Gesichter der beiden Frauen. Ihre Augen füllten sich mit Tränen, was seltsam war, denn Kasey konnte sich nicht daran erinnern, wann sie das letzte Mal geweint hatte. Aber jetzt weinte sie. Sie weinte um all die Dinge, die sie verloren hatte, wegen all der schlechten Dinge, die sie getan hatte, und um all die guten Dinge, die sie nie würde erleben dürfen.

„Bitte", schluchzte Kasey, „rufen Sie nicht die Polizei. Ich … ich brauche das Kleid und die Schuhe für ein Vorstellungsgespräch, aber ich hatte nicht genug Geld für beides."

„Da hast du dir also gedacht, das Kleid zu stehlen, wäre eine gute Lösung für dieses Problem?“ Die Chefin hielt immer noch Kaseys Arm fest.

„Ich wusste, dass es keine gute Lösung ist“, erwiderte Kasey unter Tränen. „Es war einfach die einzige Lösung, die mir einfiel. Es tut mir so leid.“ Wo kamen nur all die Tränen her? Sie fühlte sich wie ein menschlicher Wasserfall.

Plötzlich ertönte hinter ihnen eine Stimme. „Ich hätte da eine Lösung.“ Es war die schlanke Frau, der die Verkäuferin zuvor geholfen hatte. Ihr Haar war perfekt gestylt und sie trug einen eleganten cremefarbenen Hosenanzug. „Ich werde der jungen Dame das Kleid kaufen.“

„Mrs. Templeton, das dürfen wir nicht zulassen“, entgegnete die Chefin.

„Natürlich dürfen Sie das“, erwiderte Mrs. Templeton. „Ich lasse eine Menge Geld in diesem Laden. Ich bin eine gute Kundin, und der Kunde hat immer recht.“ Sie lächelte die Chefin und die Verkäuferin an. „Oder nicht?“

„Schon“, antwortete die Chefin, aber sie zögerte.

„Gut.“ Mrs. Templeton öffnete ihre Handtasche und zog eine Geldbörse heraus. „Es ist nicht notwendig, die Polizei zu rufen, und diese junge Dame hier kann zu ihrem Vorstellungsgespräch gehen.“

„Was ist, wenn es gar kein Vorstellungsgespräch gibt?“, wandte die Chefin ein. „Was ist, wenn sie lügt?“

Mrs. Templeton musterte Kasey von Kopf bis Fuß. „Das Risiko besteht natürlich. Aber ich bin bereit, es einzugehen. Allerdings glaube ich, dass sie die Wahrheit sagt.

Sie hat ein ehrliches Gesicht. Sie war einfach in einer verzweifelten Lage und hat eine falsche Entscheidung getroffen."

„Vielen, vielen Dank", sagte Kasey, während ihr immer noch die Tränen über die Wangen liefen. „Ich zahle es Ihnen zurück, wenn ich kann."

„Blödsinn." Mrs. Templeton winkte ab. „Du hilfst irgendwann mal jemand anders, wenn es nötig ist."

Kasey verließ den Laden und durchquerte die wirbelnden Blätter.

Während sie die Straße entlangging, weinte sie immer noch und lenkte besorgte Blicke anderer Leute auf sich. Sie konnte es nicht wirklich erklären, aber sie hatte das Gefühl, sich wirklich zu ändern, als würde irgendetwas in ihrem Innern, das völlig verhärtet war, langsam weich.

Sie hielt an einem Park an, um sich ein paar Minuten auszuruhen. Sie war müde vom vielen Laufen, von all der Aufregung und der Angst. Sie setzte sich auf eine Bank, und bevor sie überhaupt wusste, was sie tat, hatte sie nach der Brille gegriffen. War Ballora immer noch da, nachdem die Frau im Laden alles wieder in Ordnung gebracht hatte?

Ja, die Tänzerin war da.

Ballora stand vor ihr und wirbelte herum, nur etwas mehr als eine Armeslänge entfernt. Sie schien Kasey mit ihren ausdruckslosen blauen Augen anzustarren. Und dann drehte sie sich und drehte sich und erzeugte dabei einen Luftzug, den Kasey auf ihrem Gesicht spüren konnte. Kasey hätte die Ballerina berühren können.

„Warum?“, schrie Kasey. „Warum werde ich dich einfach nicht los?“

Schnell steckte sie die Brille in ihre Tasche und lief davon. Sie floh vor Ballora, obwohl sie in ihrem Inneren wusste, dass Ballora immer noch bei ihr war. Sie rannte zum *Music City Motel* und schloss kurz darauf keuchend ihre Zimmertür hinter sich ab.

Plötzlich fielen ihr wieder die Worte der alten Dame am Busbahnhof ein. „Manchmal, wenn man versucht, vor seinen Problemen davonzulaufen, folgen dir diese Probleme.“

Am Fenster ertönte ein kratzendes Geräusch. Kasey zog die Vorhänge zurück, doch sie sah nichts. Dann setzte sie die Brille auf.

Ballora drückte sich gegen die Scheibe. Ihr Gesicht, das aus der Entfernung durchaus hübsch war, wirkte so nah erschreckend. Es war in der Mitte senkrecht gespalten, hatte einen klaffenden roten Mund und glühende Augen. Augen, von denen Kasey glaubte, dass sie direkt in ihre Seele blicken konnten. Balloras langen, blau lackierten Fingernägel kratzten mit einem nervenzerfetzenden Geräusch über das Glas. Kasey wich vom Fenster zurück.

„Okay, Ballora“, sagte Kasey. „Bitte. Lass mich nur zuerst zu diesem Vorstellungsgespräch gehen. Dann weiß ich, was ich zu tun habe.“

Ballora erwiderte nichts, sondern sah sie nur mit ihren leuchtend blauen Augen an.

Kasey setzte sich aufs Bett und kramte in ihrem Rucksack, bis sie fand, wonach sie suchte: Den Führerschein der Frau, deren Handtasche sie vor der *Circus Baby's Pizza World* gestohlen hatte.

* * *

Sarah Avery. So lautete der Name auf dem Führerschein. Und dort, wo Kasey nun in ihrem neuen roten Kleid und den braunen flachen Schuhen stand, war Sarah Averys Adresse. Es handelte sich um ein Reihenhaus, nicht allzu schick, aber viel schöner als alles, worin Kasey jemals gelebt hatte.

Ohne Busfahrkarte bis hierhin zu kommen, war nicht einfach gewesen, doch schließlich hatte Kasey einen Fernfahrer getroffen, der in diese Richtung unterwegs war und sie mitgenommen hatte. Während der Fahrt hatte Kasey einmal kurz die Brille aufgesetzt und gesehen, dass Ballora ihr Gesicht gegen die Scheibe auf der Beifahrerseite presste und sie immer noch anstarrte.

Als Kasey auf dem Gehweg vor dem Haus stand und allen Mut zusammennahm, um zur Tür zu gehen und zu klingeln, wirbelte das Herbstlaub um sie herum. Sie setzte die Brille nicht auf, aber sie spürte Ballora hinter sich, die mitten in dem kleinen Tornado stand. Die Tänzerin war nahe genug, dass Kasey sie hätte berühren können, und sie wartete darauf, dass Kasey die Nerven verlor.

Kasey atmete tief durch, ging mit entschlossenen Schritten zur Tür und klingelte. Die Blätter wirbelten mit einem mächtigen Rauschen um sie herum, und Kasey spürte plötzlich ein ungewohntes Gefühl von Ruhe und Frieden.

Eine kleine Frau mit braunem Haar öffnete die Tür. Sie trug eine Jogginghose und ein T-Shirt von einem Fünf-Kilometer-Lauf für wohltätige Zwecke. „Ja, bitte?“, fragte sie und klang ein wenig verwirrt.

„Hi.“ Kaseys Stimme zitterte. „Sie kennen mich nicht, und mir ist das alles wirklich sehr peinlich. Äh … erinnern Sie sich daran, wie Ihnen vor ein paar Monaten vor der *Circus Baby's Pizza World* Ihre Handtasche gestohlen worden ist?“

„Natürlich. Das war schrecklich. Niemand vergisst so etwas.“ Sie runzelte die Stirn und musterte Kasey. „Sind Sie … von der Polizei?“

Sie lag so weit daneben, dass Kasey lächeln musste. „Nein, ich bin die Diebin, die Ihre Handtasche gestohlen hat. Die ehemalige Diebin, meine ich.“

Der Frau fiel buchstäblich die Kinnlade herunter. „Sie? Aber Sie sehen so nett aus … Warum sind Sie hergekommen?“

„Ich bin gekommen, weil ich Ihnen das hier zurückgeben wollte.“ Sie zog Sarahs Brieftasche aus ihrem Rucksack. „Ich bin mir sicher, dass Sie sich inzwischen einen neuen Führerschein besorgt haben, aber Ihr alter ist hier drin. Da sind auch zwanzig Dollar drin – meine erste Rate, um alles zurückzuzahlen, was ich Ihnen weggenommen habe. Ich habe jetzt einen Job. Ich fange am Montag an. Ich schicke Ihnen mehr Geld, wenn ich meinen ersten Gehaltsscheck bekommen habe.“

Sarah nahm die Brieftasche. „Das verblüfft mich jetzt wirklich. Was hat Sie dazu bewogen, das zu tun?“

Kasey dachte an Ballora, die sich immer noch wie wild um sich selbst drehte. „Ich denke, jemand hat mir unendlich Angst gemacht, damit ich endlich das Richtige tue. Ich habe mich geändert. Ich meine, ich bin immer noch dabei, mich zu ändern. Und ich wollte mich entschuldigen und fragen, ob Sie mir jemals verzeihen können?“

„Natürlich kann ich das“, erwiderte Sarah. „Nur wenige Leute geben zu, dass sie etwas falsch gemacht haben. Es ist sehr erfrischend, wenn sich jemand aufrecht bei einem entschuldigt. Die Sache ist für mich damit erledigt. Ich war gerade dabei, mir einen Tee zu machen. Möchten Sie nicht hereinkommen und eine Tasse mit mir trinken?“

„Ich?“ Kasey sagte es, als wäre da noch jemand, mit dem Sarah vielleicht redete. „Haben Sie keine Angst, dass ich Ihr Haus ausraube?“

„Das habe ich tatsächlich nicht. Kommen Sie rein.“

Sarah hielt die Tür auf, und Kasey betrat das helle, sonnendurchflutete Haus. Ein großer brauner Hund begrüßte sie schwanzwedelnd.

In der Küche saß das kleine Mädchen am Tisch, an das sich Kasey noch von jenem Abend erinnern konnte, und malte mit Buntstiften ein Bild aus. Sie blickte erst zu Kasey, dann zu ihrer Mutter. „Mami, kennen wir die Frau?“, wollte sie wissen.

„Nein, Süße, aber wir lernen sie gerade kennen“, erwiderte Sarah und goss den Tee ein.

Kasey lächelte. In gewisser Weise fühlte sie sich, als würde sie sich selbst gerade erst kennenlernen. „Ich bin Kasey“, sagte sie zu dem kleinen Mädchen.

„Ich bin Isabella“, antwortete die Kleine. Ihre Augen waren groß und blau, aber sie waren auch hell und lebendig und nicht leer, wie die von Ballora.

„Isabella, ich glaube, ich habe etwas, das dir gehört“, sagte Kasey.

Isabella hüpfte von ihrem Stuhl herunter. „Und was?“

Kasey griff in ihre Tasche, zog die Pappbrille heraus und hielt sie Isabella hin.

Isabellas große blaue Augen wurden noch größer.

„Das ist meine Ballora-Brille! Meine Ballora-Brille, die geklaut wurde, Mami.“

Sarah stellte zwei Tassen Tee und eine Tasse mit Saft auf den Tisch. „Bedank dich bei Kasey, dass sie sie dir zurückgebracht hat.“

„Danke, dass du meine Brille zurückgebracht hast, Kasey“, sagte Isabella und lächelte zu ihr auf.

Kasey lächelte zurück. „Gern geschehen.“ Kasey wusste, dass sie die Brille nicht mehr brauchen würde. Und eigentlich hatte sie ja immer Isabella gehört.

Isabella setzte die Brille auf und stieß einen kleinen überraschten Schrei aus. „Da ist sie!“ Einen Moment lang stand das kleine Mädchen ganz still da, den Mund offen vor Staunen. Und dann begann es zu tanzen.

HEIMKEHR

Susie lauschte, wie der Kies unter den Reifen knirschte, als ihre Mutter den alten Familien-Van an Oliver vorbeimanövrierte, der großen Eiche vor ihrem Haus. Susie war es gewesen, die Oliver seinen Namen gegeben hatte. Ihre Schwester Samantha fand, dass es ziemlich blöd war, einem Baum einen Namen zu geben. Ihre Eltern sagten, dass das zwar unüblich sei, aber das hieße nicht, dass sie es nicht tun könne. Also tat sie es.

Oliver war wirklich sehr, sehr groß. Susies Vater meinte, Oliver sei älter als ihr Haus, und das war *wirklich* alt. Die Ururururgroßmutter von Susies Mutter war vor über hundertfünfzig Jahren in diesem Haus geboren worden, und Oliver hatte damals schon dort gestanden.

„Sobald wir die Einkäufe weggeräumt haben", sagte Susies Mutter, „fange ich mit dem Abendessen an." Sie sprach langsam und machte zwischen manchen Worten komische Pausen. Susie fand, es hörte sich an, als würde jemand versuchen, ihre Mutter zu unterbrechen, und ihre Mutter würde sich bemühen, trotzdem weiterzureden.

Susie betrachtete Stimmen wie Farben. Die ihrer Mutter

war früher leuchtend orange gewesen. Jetzt hatte sie eher ein stumpfes Braun. Schon seit einiger Zeit besaß sie diese neue Farbe, und Susie vermisste die alte.

„Wären Spaghetti okay?“, fragte Susies Mutter mit der gleichen zerstörten Stimme.

Susie antwortete nicht auf die Frage, weil ihr das Abendessen egal war, und sie wusste, *wie* wichtig Samantha Essen war. Samantha kümmerte sich einfach um alles. Ihr gefiel es, die Chefin zu sein.

„Ich finde, wir sollten lieber diese gedrehten Nudeln essen“, meinte Samantha.

Susie grinste. Na also.

Auch Samanthas Stimme hatte ihre Farbe verändert. Sie war nie knallig gewesen, sondern immer von einer Art blassem Blau. Jetzt jedoch war sie grau.

Susie drehte sich um und drückte ihre Nase gegen das Seitenfenster des Minivans, damit sie Oliver deutlicher sehen konnte. Sie runzelte die Stirn.

Oliver wirkte traurig, noch mehr als gewöhnlich um diese Jahreszeit. Verstreut in einem ausgefransten Kreis um seinen dicken, knorrigen Stamm lagen blassgelbe und mattrote Blätter bis an seine freiliegenden Wurzeln heran. Mehr als die Hälfte von Olivers Zweigen war kahl, einschließlich des dicken Astes, an dem Susies Reifenschaukel hing. Der Rest der Zweige trug Blätter in der gleichen Farbe, wie sie auf dem Boden verteilt waren.

Im Herbst verlor Oliver immer alle seine Blätter. Drei Jahre zuvor, als Susie vier und Samantha drei gewesen war, hatte Susie sich sehr über die Blätter aufgeregt, die von der

Eiche fielen. Ihre Mutter hatte ihr gesagt, der Baum würde weinen. Und wenn der Baum weinte, ging es ihm schlecht. Und wenn er Gefühle hatte, brauchte er einen Namen. Daraufhin hatte sie ihn dann Oliver genannt. Samantha, obwohl ein Jahr jünger, fand, es sei „infantil", einem Baum einen Namen zu geben. Infantil war ein Wort, das sie von Jeanie, ihrer Patentante, gelernt hatte. Samantha lernte gerne Worte. Sie liebte es zu lernen. Aber infantile Dinge mochte sie nicht so sehr wie Susie.

Susies Mutter hatte erklärt, dass Oliver nicht weine, wenn er seine Blätter verlöre. Er würde sich nur auf den Winter vorbereiten. Dafür müsse er alle Blätter loslassen, damit er seinen Stamm die kalten Monate hindurch ernähren könne. Dann, nach den kalten Monaten, würde er einfach neue Blätter wachsen lassen. „Er muss das Alte loslassen, bevor er wieder wachsen kann", sagte sie. „Das müssen wir alle manchmal tun."

Irgendwie verstand Susie das, aber sie dachte trotzdem, dass Oliver traurig sei. Das Einzige, was sie mit den fallenden Blättern versöhnte, waren ihre wunderschönen Farben. Normalerweise waren Olivers Herbstblätter goldgelb und leuchtend rot.

Während Susies Mutter den Minivan an die Seite des Hauses fuhr, drehte Susie sich um, um noch einen Blick auf Oliver zu werfen. In diesem Jahr sahen seine Blätter anders aus. Stumpfer und trockener.

Susie fragte sich, ob das vielleicht etwas mit den Elfen zu tun hatte, die in seinem Stamm lebten. Sie grinste. Natürlich wusste sie, dass es in Olivers Stamm keine Elfen gab. Wie albern von ihr. Aber einmal hatte sie Samantha erzählt, dass dort welche waren, nur um sie zu necken.

Sobald der Minivan an der Treppe links von der umlaufenden Veranda gehalten hatte, schnallte Samantha sich ab und riss die Tür auf. Das kleine Mädchen war immer in Eile.

Susies Mutter rührte sich nicht, auch nicht, nachdem sie den Motor abgestellt hatte. Susie fiel auf, dass sie das oft tat. Ihre Mutter blieb dann irgendwie stecken, als sei sie ein Aufziehhase, der ein paar Umdrehungen zu wenig bekommen hatte. Sie verharrte dann einfach mitten in dem, was sie gerade tat, und starrte in die Ferne. Susie machte das Angst, denn sie war sich nicht sicher, ob ihre Mutter in solchen Momenten noch da war. Es sah zwar aus, als sei sie da, aber es fühlte sich eher an, als habe sie ihren Körper zurückgelassen, als eine Art Lesezeichen, ein Platzhalter, während ihre Gedanken den Rest von ihr irgendwo anders hinführten.

Der Automotor tuckerte ein paar Mal, bevor er ganz verstummte. Susie roch die Zwiebeln, die sich in einer der Einkaufstüten auf dem Rücksitz des Minivans befanden. Doch sie roch auch noch etwas anderes. Nein, eigentlich roch sie es nicht. Es war nicht ihre Nase, die ihr sagte, dass auch noch etwas anderes in der Luft lag. Es war … ja, was? Ihre anderen Sinne? Und welche?

Jeanie hatte mal zu Susie gesagt, dass sie etwas Besonderes sei, dass Susie eine Fähigkeit besäße, die nur wenige hätten. Sie habe *Kontakt*, meinte Jeanie. Susie hatte keine Ahnung, was das bedeutete, aber ihr gefiel der Gedanke.

Jeanie sagte, das sei der Grund, warum Susie Dinge fühle, die andere Menschen gar nicht mitbekämen. Und im Moment fühlte Susie, dass etwas nicht stimmte. Und dieses Etwas war wie ein Geruch, wie der Geruch von … Verwesung? Fäulnis? Susie war sich nicht sicher.

Susie wollte etwas sagen, um ihre Mutter zu veranlassen, sich wieder zu bewegen, aber dann bemerkte sie, dass Samantha neben dem Minivan stand und durch Susies Fenster hereinschaute. Samantha hatte diesen gewissen Ausdruck im Gesicht, den Ausdruck, den sie in letzter Zeit öfter zeigte. Susie verstand nicht, was er bedeutete. Er wirkte zum Teil wütend, aber auch traurig und ängstlich.

Schließlich rührte sich Susies Mutter wieder. Sie seufzte, schüttelte den Kopf und zog den Autoschlüssel ab. Dann griff sie nach ihrer Handtasche und öffnete die Tür. „Wir müssen die Einkäufe reinbringen. Es könnte regnen."

Durch die Windschutzscheibe blickte Susie zu den tiefhängenden Wolken hinter dem steil aufragenden grünen Dach des alten Hauses. Die Wolken waren schwer und dunkel.

* * *

In dem großen Haus war viel Platz, daher hatten Susie und Samantha ihre eigenen Zimmer. Allerdings hielt Susie sich gern bei Samantha auf. Sie glaubte, dass es Samantha lieber wäre, täte sie das nicht, aber obwohl Samantha gerne Leute herumkommandierte, war sie nie gemein. Sie und Susie wollten beide gern, dass alle Menschen glücklich waren. Da Susie also gerne in Samanthas Zimmer spielte, ließ Samantha sie gewähren.

Andere Dinge teilte Samantha allerdings nicht so gern. Zum Beispiel Spielsachen. Sie bestand darauf, dass Susie mit ihren eigenen Sachen spielte.

Susie wünschte sich immer, sie und Samantha könnten Dinge gemeinsam tun, nicht nur nebeneinanderher. Als Susie vor ein paar Jahren ihr cooles Backset zu Weihnachten bekommen hatte, mit lauter lustigen Plastiknahrungsmitteln und den Töpfen und Pfannen und der tollen rosafarbenen Schürze, hatte sie zusammen mit Samantha Restaurant spielen wollen. Aber Samantha hatte keine Lust dazu. Sie wollte unbedingt mit ihrem eigenen Baukasten spielen. Und auch wenn sie beide Puppen hatten, wollte Samantha ihre Puppen ganz für sich allein behalten.

Wie zum Beispiel jetzt.

Susie saß auf dem dicken blauen Teppich, der auf dem Boden neben Samanthas großem Bett lag. Der Teppich passte zu den Vorhängen am Fenster, von dem aus man Oliver sehen konnte. Susie warf einen Blick hinüber zu ihm. Er sah aus, als habe er noch mehr Blätter fallen gelassen. Und die restlichen hingen vertrocknet im gedämpften grauen Abendlicht.

Susies Puppen waren im Halbkreis um sie herum angeordnet. Alle saßen sie auf Bausteinen. Es war ein Chor, und Susie wollte ihn dirigieren, aber zuerst musste sie sicher sein, dass alle am richtigen Platz waren. Sie schob die Puppen hin und her und entschied, wer welchen Teil des Liedes singen sollte, während sie vor sich hin summte. Normalerweise summte sie nicht – ihre Mutter schon. Doch Susie hatte sie schon lange nicht mehr summen hören.

Auf der gegenüberliegenden Seite des Teppichs hatte Samantha ihre eigenen Puppen vor Kästen gesetzt. Die Kästen waren „Arbeitsstationen", sagte Samantha. Susie wusste nicht, ob die Puppen in der Schule waren oder in einer Firma. In jedem Fall war klar, dass Samanthas Puppen nicht so viel Spaß haben würden wie Susies. Hatte Samantha das auch erkannt? Vielleicht schaute sie deshalb immer wieder zu Susies Puppen und den Bausteinen hinüber.

Susie ließ sich im Schneidersitz nieder und blickte sich um. Samanthas Zimmer war immer so unheimlich aufgeräumt, mit hellblauen Leinenkisten, die ordentlich in weiße Regale gestapelt waren, einem großen weißen Schreibtisch mit einer superhellen Schreibtischlampe aus Metall, dem großen Bett mit einem einfachen Metallrahmen und der perfekt glatt gestrichenen blau-weiß-karierten Tagesdecke, den zwei aufgeräumten weißen Nachttischen mit ihren kleinen blauen Lampen und der breiten Fensterbank, auf der ein einfaches blaues Kissen lag.

Susies Zimmer, das sie durch eine Verbindungstür sehen konnte, strotzte dagegen von Farbe und auch von Chaos. Auch dort gab es eine breite Fensterbank, auf der man sitzen konnte. Sie war dick gepolstert und mit rotem Samt bezogen. Darauf lagen jede Menge Kissen. In ihren roten Regalen gab es keine Boxen. Susie hasste Boxen. Ihr gefiel es besser, wenn sie ihre Spielsachen und Bücher und Plüschtiere immer sehen konnte, weil sie sie glücklich machten. Alles lag und stand offen in den Regalen, als würde dort eine große Party gefeiert.

Samantha sah wieder zu Susies Puppen hinüber. Sie presste ihre Lippen so fest zusammen, dass sich die Haut um ihren Mund herum verzog. Der Ausdruck ließ sie wie einen wütenden Pekinesen aussehen. Einer dieser Hunde hatte früher nebenan gewohnt, und als Susie ihn das erste Mal gesehen hatte, musste sie lachen, weil er sie an Samantha erinnerte.

Susie fragte sich, ob auch sie manchmal wie ein Hund aussah. Sie glaubte es nicht. Obwohl sie und Samantha ähnliche Haare und im Grunde die gleichen Augen besaßen, sahen die beiden Mädchen nicht gleich aus. Susies hellbraunes Haar umschloss ihr Gesicht, Samanthas war fest zu einem Pferdeschwanz zusammengebunden. Susie wirkte wild und verschmitzt, Samantha dagegen wie ein kreuzbraves Mädchen. Susie hatte die Augen meist weit aufgerissen, während Samanthas oft zusammengekniffen waren. Dadurch wirkte Susie immer interessiert und Samantha vorsichtig und zurückhaltend. Susie besaß eine kleinere Nase und einen kleineren Mund und wurde meist als niedlich bezeichnet. Samantha hatte die größere Nase und den größeren Mund ihres Vaters, und Susie hörte einmal ihre Großmutter über Samantha sagen: „Sie wird in ihr Aussehen hineinwachsen und eine hübsche Frau werden."

Noch einmal warf Samantha einen Blick auf Susies Puppen, bevor sie ihre eigenen neu arrangierte, damit sie an ihren „Stationen" standen. Die armen Dinger. Wenn Samantha mit ihren Puppen fertig war, mussten sie zurück in ihre Kisten.

„Wollen deine Puppen vielleicht in meinem Chor mitmachen?“, erkundigte sich Susie. Doch Samantha antwortete ihr nicht.

Susie roch etwas. Sie rümpfte die Nase. Der Duft von Spaghettisauce und Knoblauchbrot lag in der Luft. Doch da war auch noch dieser andere Geruch, den sie nicht verstand.

Also gut. Sie brauchte Samanthas Puppen nicht, um einen guten Chor aufzubauen. Sie nahm ein Lineal in die Hand und klopfte damit auf den Bauklotz, den sie vor ihre Puppen gestellt hatte. Dann begann sie, mit dem Lineal herumzufuchteln, wie sie es bei Dirigenten gesehen hatte.

Schließlich stand Samantha auf und stieß Susies Puppen mit dem Fuß von ihren Bauklötzen. Dann trat sie noch nach den Klötzen. Alle Puppen und Klötze purzelten über den flauschigen Teppich und kullerten dann auf dem dunklen Holzboden dahin. Susie zuckte zusammen. Jetzt würde sie mit den Klötzen ein Krankenhaus aufbauen müssen, um ihre Puppen wieder gesundzupflegen.

Samantha starrte Susie an, bevor sie aus dem Zimmer rannte. Susie überlegte, ob sie ihr nachschreien sollte, aber mit Samantha zu streiten, hatte noch nie etwas gebracht. Sie hatte gelernt, dass es besser war, einfach den Mund zu halten und die Dinge auf sich beruhen zu lassen.

Trotzdem …

Susies Mutter erschien in der Tür. Sie war groß und schlank, mit dunkelbraunem Haar und hätte als Model arbeiten können. Susie erinnerte sich an die Zeit, als das Haar ihrer Mutter richtig geglänzt hatte, als sie ihre großen Augen mit falschen Wimpern unterstrichen hatte und ihr voller Mund nie ohne Lippenstift gewesen war. Jetzt trug ihre Mutter kein Make-up, und sie sah müde aus. Sie trug ausgeblichene Jeans und ein zerknittertes blaues T-Shirt und starrte auf die Spielsachen, die auf dem Teppich verteilt lagen.

Susie stand auf und ging zu ihr hinüber.

„Mama?"

Ihre Mutter starrte weiter auf das Spielzeug.

„Alles okay bei dir?"

Die Augen ihrer Mutter füllten sich mit Tränen, und Susie hatte das Gefühl, als würde ihr jemand das Herz zerdrücken. „Ich habe das Gefühl, dass etwas nicht stimmt", sagte sie zu ihrer Mutter. „Irgendetwas Schlimmes ist passiert, aber ich weiß nicht, was es ist."

Eigentlich hoffte Susie, dass ihre Mutter ihr sagen würde, dass alles in Ordnung sei, doch ihre Mutter schlug nur eine Hand vor den Mund und ließ ihren Tränen freien Lauf. Susie wusste, dass ihre Mutter in diesem Moment nicht antworten würde. Sie redete nie gern, wenn sie weinte. Und waren die Tränen nicht ohnehin eine Antwort?

Normalerweise ging ihre Mutter nach dem Abendessen in den zweiten Stock, um zu arbeiten. Sie hatte dort oben ein geräumiges Atelier, wo sie als Textilkünstlerin große, moderne Quilts und Webdecken herstellte, die ihre Kunden aber nie für ihre Betten benutzten. Die Decken ihrer Mutter wurden an die Wände gehängt, was Susie seltsam fand, aber ihrer Mutter gefiel diese Arbeit, und sie bezahlte davon die Rechnungen, wie sie immer sagte.

Und das war gut so, denn ihr Vater war nicht mehr da. Susie verstand nicht, warum er gegangen war. Aber er war weg. War das das Schlimme?

Susie umschlang ihre Knie. Nein. Das glaubte sie nicht. Sie glaubte, dass es etwas anderes war.

Sie fragte sich, ob sie versuchen sollte, ihre Mutter in den Arm zu nehmen. Wahrscheinlich eher nicht. Ihre Mutter mochte es nicht, wenn man sie umarmte, während sie weinte.

Also stand Susie einfach nur da und hoffte, dass die Tränen ihrer Mutter bald versiegen würden, damit sie reden konnten. Doch ihre Mutter hörte nicht auf zu weinen. Irgendwann stieß Susie sich einfach vom Türpfosten ab und ging den stillen Flur entlang davon.

* * *

Samantha lief durch den Vorgarten und blies Seifenblasen in die Luft. Jeder, der sie dabei beobachtete, musste meinen, dass sie viel Spaß hatte, aber Susie wusste, dass Samantha die Seifenblasen nicht zum Spaß in die Luft blies. Sie tat es, um Luftströmungen zu studieren. Ob sie mitmachen durfte, brauchte Susie gar nicht erst zu fragen. Samantha würde Nein sagen, weil das ihre „Forschungen" durcheinanderbrachte.

Doch Susie wollte in der Nähe ihrer Schwester sein, also ging sie zu Oliver und seinem rauen Stamm und hockte sich auf die schwarze Reifenschaukel. Sie stieß sich ab und brachte die Schaukel in Schwung. Dann legte sie den Kopf in den Nacken und schaute in den düsteren Himmel, während sich die Schaukel träge um sich selbst drehte.

Die Abendluft war kalt, aber nicht zu kalt und sie verströmte diesen herbstlichen Duft, den andere manchmal als knackig beschrieben. Susie wusste nicht, wie „knackig“ roch. Sie fand, Herbstluft besäße zwei Duftnoten gleichzeitig – säuerlich und moschusartig. Und dazu hatte die Herbstluft um ihr Haus herum immer noch diesen anderen Geruch, den sie nicht mochte.

Susie schloss die Augen und gab sich noch einmal Schwung. Sie konnte hören, wie Samantha durch den Hof lief. Olivers trockene Blätter knisterten unter ihren Füßen.

Dann hörte Susie Stimmen. Sie öffnete die Augen und drehte sich so, dass sie den Gehweg sehen konnte.

Vor langer Zeit war ihr Haus einmal ein Gehöft gewesen, das inmitten von viel Land gestanden hatte. Im Laufe der Jahre, in denen all ihre Urgroßmütter von kleinen Mädchen zu alten Frauen geworden waren, hatte die Familie einen Teil des Landes verkaufen müssen – so erzählte es Susies Mutter. Irgendwann hatte dann Susies Großmutter das letzte Stück Land verkauft, an jemanden, der als „Bauunternehmer“ bezeichnet wurde, und dieser Bauunternehmer hatte dann eine Siedlung errichtet, die sich nun rund um das Haus gruppierte. Die neuen Häuser waren so gebaut worden, dass sie ein wenig wie das alte Bauernhaus aussahen. Doch die neuen Häuser hatten nicht den Charakter des alten. Die neuen Häuser waren alle in seriösen Farben wie Grau, Hellbraun und Creme gestrichen. Susies Haus dagegen hatte viele lustige Farben. Hauptsächlich weißgelb, aber die Zierleisten – und es gab eine Menge Zierleisten – waren lila, blau, rosa, grau, orange und wer weiß was sonst noch. Susie fand immer, dass es aussah, als wäre ihr Haus so gekleidet, dass es hätte ausgehen können, während die anderen Häuser nur Alltagskleidung trugen.

Der Bürgersteig vor den neuen Häusern war breit und er verlief näher an ihrem Haus, als es Susies Mutter lieb war. Susie dagegen machte das nichts aus. Sie mochte es, wenn die Leute bei ihnen vorbeigingen, sie beobachtete sie besonders gern von der Reifenschaukel aus. Eine große Lorbeerhecke entlang der Vorderseite ihres Gartens versperrte die Sicht auf Olivers unteren Stamm und die Reifenschaukel. Susie hockte gern dort und spielte „Spion“, beobachtete die Leute durch die Hecke, ohne dass die überhaupt ahnten, dass sie da war.

Zu der Gruppe, die jetzt gerade vorbeiging, gehörten auch fünf Kinder. Susie war sich ziemlich sicher, dass sie in Samanthas Klasse gingen. Drei der Kinder, alles Mädchen, waren mit Fahrrädern unterwegs. Ein viertes Kind, ein großer Junge, fuhr auf einem Skateboard herum, und der letzte, ein kleiner Junge, saß auf einem Roller. Er sah nicht so aus, als wisse er genau, wie man einen Roller eigentlich benutzt.

„Beeil dich, Drew“, schnauzte eines der Mädchen den kleinen Jungen an.

Er war blond und seine Haare standen in alle Richtungen ab.

„Ja“, sagte ein weiteres Mädchen. Beide Mädchen hatten dunkles Haar, trugen Jeans und blaue Kapuzenpullover. „Hier ist es gruselig.“

Susie hielt die Reifenschaukel an und lauschte dem Gespräch der Mädchen. Gruselig? Hatten sie es auch gespürt, dieses Etwas, das Susie nicht verstand?

„Hey, Professor!“, rief das dritte Mädchen. Es hatte rötliche Haare und unter ihrer offenen schwarzen Lederjacke war ein hellrosa T-Shirt zu sehen.

Susie wusste, dass der „Professor“ Samantha war. Auch wenn das nicht in einem sarkastischen Ton gesagt wurde, ahnte Susie, dass es eine Beleidigung darstellte. Seit Samantha in der Grundschule war, hatten sich ihre Mitschüler über sie lustig gemacht, weil sie zu ernst sei. Susie hasste es, wenn Kinder sich so verhielten, und als es das erste Mal passiert war, hatte sie versucht, sich für Samantha einzusetzen.

„Was ist falsch daran, schlau zu sein?“, hatte sie die Kinder angeschrien, die ihre Schwester verspotteten. „Ihr seid doch nur neidisch, dass sie mehr weiß als ihr.“

Susie hatte geglaubt, Samantha würde diese Unterstützung zu schätzen wissen, doch ihre Schwester wurde nur wütend. „Ich brauche dich nicht, um auf mich aufzupassen“, sagte sie zu Susie. „Ich muss auf eigenen Beinen stehen.“

Susie wusste, dass Samantha diesen Ausdruck von ihrer Großmutter gelernt hatte, doch sie widersprach nicht. Und sie versuchte auch nie wieder, die anderen Kinder von ihren Hänseleien abzuhalten.

Deshalb sagte sie auch nichts mehr, als eines der Mädchen rief: „Du Monster!“

„Komm jetzt, Drew“, rief der Junge auf dem Skatebord dem Jungen mit dem Roller zu.

„Ich hasse es, an diesem Haus vorbeizulaufen“, sagte das Mädchen mit der Lederjacke.

„Genau“, stimmte eins der anderen Mädchen zu und zitterte sichtlich.

Das dritte Mädchen sagte: „Als ich im Kindergarten war, habe ich mit der gespielt. Sie war immer total ernst.“ Sie deutete auf Samantha. „Aber sie hat wenigstens mit einem geredet. Jetzt allerdings scheint es, als sei sie …“ Sie zuckte die Achseln. „Ach, keine Ahnung.“

Die Kinder waren am Haus vorbeigegangen, aber Susie ließ die Mädchen nicht aus den Augen und belauschte sie weiter. „Man kann es ihr nicht wirklich übelnehmen“, meinte der kleine Junge.

„Komm jetzt, Drew“, sagte das Mädchen mit der Lederjacke. „Gehen wir einfach weiter.“

* * *

Als die Nacht kam, fiel sie über das Haus, als ob jemand oben im Himmel plötzlich eine schwarze Decke über das Land gebreitet hätte. Wie immer machten sich die Mädchen bereit fürs Bett, und wie immer protestierte Samantha nicht, als Susie zu ihr ins Bett kletterte. Sie wusste, dass Susie es hasste, allein zu schlafen.

Trotzdem drehte Samantha Susie immer den Rücken zu

und schlief so weit von Susie entfernt wie möglich, besonders jetzt. Susie lag zum Fenster gewandt. Obwohl ein Rollladen darüber hing, wurde er nie heruntergelassen. Susies Mutter sagte immer, das Haus solle so viel Licht wie möglich haben – Sonnenlicht oder Mondlicht.

Susie lag gern lange wach und beobachtete, wie das Mondlicht die Sachen im Zimmer zum Leben erweckte. Das kalte Leuchten warf Schatten auf Samanthas Boxen und ließ sie wie große Mäuler aussehen, die den Mond verschlingen wollten. Susie liebte es, die Sterne zu betrachten und ihnen Namen zu geben.

An diesem Abend versteckten sich die Sterne, und nur ein schwacher Schimmer Mondlicht schaffte es durch die Wolken. Das einzige Licht, das in den Raum drang, kam von den Verandalampen über der Vorder- und der Hintertür.

Das Zimmer war kalt, und die Kälte machte Samantha mehr zu schaffen als Susie. Die Mädchen lagen unter zwei dicken, weichen Decken. Susie schob die Decken von ihrem Mund fort.

„Bist du wach?", fragte Susie ihre Schwester flüsternd.

Samantha antwortete nicht. Das war nicht ungewöhnlich. Nachts redete sie nicht gern.

Aber das hielt Susie nicht auf. „Ich habe ständig dieses schlechte Gefühl, als ob etwas nicht stimmt", flüsterte Susie. Eine Antwort erwartete sie nicht.

„Die Welt riecht komisch", sagte sie zu ihrer Schwester. Sie verzog den Mund und versuchte, den Geruch zu beschreiben. „Es erinnert mich ein bisschen daran, wie es riecht, wenn wir Essensreste zu lange in einer Dose lassen und Mama uns dann sagt, wir sollen sie wegwerfen, und wir müssen uns die Nase zuhalten und so auch reden." Sie hielt sich die Nase zu und redete ganz nasal weiter. Sie musste kichern.

Samantha blieb stumm. Sie fand Susies komische Stimmen nie besonders lustig. Und vielleicht schlief sie ja wirklich. Susie hielt still, damit Samanthas glatte, blaue Laken kein Geräusch von sich gaben, wie sie es immer machten, wenn man sich im Bett bewegte. Sie konzentrierte sich auf Samanthas Atemgeräusche. Sie klangen tief und gleichmäßig.

Susie zog ihre Beine fester an und schmiegte ihren Kopf noch tiefer ins Kissen. „Und Olivers Blätter haben nicht die richtige Farbe. Sie sind nicht hell genug."

Samantha atmete … ein und aus.

„Und Mama benimmt sich auch seltsam. Weißt du, was ich meine?"

Samantha reagierte nicht.

Susie seufzte. Sie schloss die Augen und versuchte einzuschlafen.

* * *

Wumm!

Susie schreckte auf.

War sie eingeschlafen? Hatte sie das dumpfe Geräusch nur geträumt?

Ganz still lag sie da und lauschte.

Wumm! Wumm! Wumm!

Nein, sie hatte nicht geträumt. Jemand … oder etwas … lief auf der Veranda herum. Es waren ganz eindeutig Schritte auf den Holzbrettern.

Susie setzte sich auf und umklammerte das glatte Bettlaken und Samanthas weiche Decke.

Sie legte den Kopf schräg, um genauer zu lauschen. Da hörte sie zwischen den Schritten auch noch ein Klopfen.

Wumm! Tock! Wumm! Tock! Wumm!

Susie rührte sich nicht, aber plötzlich setzte sich Samantha auf. Sie schwang sofort die Beine aus dem Bett, aber sie stand nicht auf. Sie saß einfach nur da, wie erstarrt.

„Du hast es auch gehört“, flüsterte Susie.

Samantha antwortete nicht, also beschloss Susie, selbst etwas zu unternehmen. Sie zwang sich, die Bettdecke loszulassen, dann schob sie ihre Beine aus dem Bett. Sie ignorierte die kalte Luft, die um ihre Knöchel strich, tappte aus dem Zimmer und die Treppe hinunter in die Küche.

An der Kochinsel hielt Susie inne und musterte den blassgelben Schimmer, der durch die Küchenfenster hereinfiel. Er stammte von der Verandaleuchte über der Hintertür.

Die Digitaluhr über dem Herd leuchtete rot in dem halbdunklen Raum. Es war 23 Uhr 50. Der Kühlschrank brummte. Der Wasserhahn tropfte. Er tropfte schon seit geraumer Zeit, wusste Susie – alle zehn Sekunden ein Tropfen.

Zwei Tropfen wartete sie, während sie weiterhin dem Wumm-Tock draußen auf der Veranda lauschte. Als das Geräusch so weit verklungen war, dass sie glaubte, der

Verursacher müsse sich nun auf der gegenüberliegenden Seite des Hauses befinden, ging sie zur Hintertür, holte tief Luft und öffnete sie.

In diesem Moment griff Samantha über Susies Schulter und schlug die Tür zu.

Susie wirbelte zu ihrer Schwester herum.

Samanthas Augen waren riesig, ihre Lippen zusammengepresst. Zum ersten Mal, seit sie ihrer Mutter gute Nacht gesagt hatte, sprach Samantha: „Da draußen ist nichts. Zurück ins Bett.“ Sie drehte sich um und marschierte aus der Küche, wobei sie keinen Zweifel daran ließ, dass Susie ihr folgen sollte.

* * *

Jeanies Stimme klang derart warm und kräftig, dass es, obwohl sie nur am Telefon war, so schien, als befände sie sich mit im Raum. „Du bist mehr als Susies Mutter, Patricia“, sagte sie.

Patricia hielt das Telefon mit einer Hand ans Ohr, während sie mit der anderen ihr Haar bürstete. Sie saß auf der Kante des Ehebettes, das für sie allein viel zu groß war. Doch für sie und ihren Mann war es viel zu klein gewesen. Deshalb hatte er umziehen müssen … damit sie aufhörten, sich gegenseitig den Platz streitig zu machen. Obwohl ihr nie klar gewesen war, warum sie so viel Platz gebraucht hatten.

„Und mehr als Samanthas Mutter“, fuhr Jeanie fort. „Du bist du, du wirst wieder zu dir zurückfinden. Irgendwann.“

Patricia seufzte. „Samantha spricht nicht mit mir, außer, um mich herumzukommandieren."

Jeanie lachte. „Sie ist eben selbst eine kleine Frau."

Patricia wusste nicht, ob sie darüber lachen oder weinen sollte. Die Vorstellung, dass ihre achtjährige Tochter sich wie eine Frau verhielt, war irgendwie amüsant. Aber die Vorstellung, dass ihre Tochter gezwungen worden war, sich in eine kleine Frau zu verwandeln, war überhaupt nicht amüsant.

„Es wird besser werden", tröstete Jeanie. „Das wird es immer."

Patricia nickte, obwohl Jeanie sie nicht sehen konnte. Jeanie würde wissen, dass sie genickt hatte.

Patricia und Jeanie waren befreundet, seit sie Kinder waren. In Samanthas Alter. Zusammen hatten sie die Schule hinter sich gebracht und das College, beide mit einem Abschluss in Kunst. Als Patricia Hayden geheiratet hatte, war Jeanie Trauzeugin gewesen, und als Patricia ihre beiden Mädchen bekam, wurde Jeanie deren Tante. Jeanie war die Schwester für Patricia, die sie immer gerne gehabt hätte.

„Ich weiß nicht, ob ich das richtig mache", sagte Patricia.

„Es gibt kein richtig", entgegnete Jeanie.

Das machte alles irgendwie nur noch schwieriger.

„Ich wünschte …" Sie hielt inne und erstarrte.

Was hatte sie da gerade gehört?

Kam das von draußen oder von drinnen?

„Bist du noch da?", fragte Jeanie.

Patricia sagte nichts und lauschte.

„Patricia?"

Patricia schüttelte den Kopf. Jetzt hatte sie schon Halluzinationen.

Sie stieß die Luft aus, die sie angehalten hatte. „Ich bin dran."

* * *

Susie war ihrer Schwester zurück ins Bett gefolgt, doch jetzt schlich sie sich wieder davon. Diesmal hielt sie für eine Sekunde vor dem Zimmer ihrer Mutter inne. Wahrscheinlich telefonierte sie gerade mit Jeanie. Fast jeden Tag sprachen die beiden miteinander, entweder persönlich oder am Telefon. Wenn Jeanie in der Stadt war, kam sie vorbei, aber sie musste in ihrem Job viel reisen. Sie kaufte im Auftrag ihrer Kunden Kunstwerke ein. Das hörte sich nach einem ziemlich spannenden Job an, fand Susie.

Susie wartete draußen im Flur und hoffte, ihre Mutter lachen zu hören. Doch ein Lachen ertönte nicht.

Stattdessen hörte sie wieder die Schritte. *Wumm! Tock! Wumm! Tock!*

Susie nahm die Schultern zurück und wandte sich der Treppe zu, die nach unten führte. Langsam stieg sie hinunter und hielt auf jeder Stufe inne. Dabei blickte sie über das gewachste Eichengeländer auf die verglaste Veranda an der Vorderseite des Hauses. Halb durchsichtige Vorhänge verwischten die Umrisse des Geländers der Veranda und dahinter den mächtigen Oliver. Er stand wie ein unermüdlicher Wächter mitten im Vorgarten.

Aber die Vorhänge konnten die Gestalt nicht verdecken, die Susie an den Fensterscheiben der Veranda vorbeigehen sah. Die Gestalt war zu groß, um sich verbergen zu können. Die Vorhänge verzerrten sie lediglich und verschleierten, wer das war.

Die Gestalt bewegte sich langsam, bedächtig, wankend im Einklang mit dem Geräusch ihrer Schritte: *Wumm! Tock! Wumm! Tock!* Während sie lief, drehte sie den Kopf hin und her. Alle paar Schritte erkannte Susie glänzende Augen, die ins Innere des Hauses spähten. Jedes Mal, wenn diese Augen in ihre Richtung blickten, erstarrte Susie zur Salzsäule und wäre am liebsten mit der Wand hinter ihr verschmolzen.

Auch wenn Susie sich am liebsten versteckt hätte, ging sie nicht zurück ins Bett. Sie konnte es einfach nicht. Das wusste sie.

Also schlich sie weiter die Treppe hinunter und schaffte eine Stufe auf jeweils sechs Schritte, die sie von der Veranda hörte. Als sie das Erdgeschoss erreichte, passierte die Gestalt gerade das letzte der hohen Fenster auf der linken Seite des Hauses.

Auf Zehenspitzen schlich Susie vor der Gestalt her. Sie schlüpfte in das ehemalige Büro ihres Vaters und beobachtete, wie die Gestalt draußen am Fenster vorbeiging und auf die Seite des Hauses zusteuerte, wo die Küche lag. Nur einen Moment zögerte sie in dem leeren Raum mit den staubigen Regalen, dann stieß sie sich vom Türpfosten ab und ging zum zweiten Mal in dieser Nacht in die Küche.

Sie duckte sich hinter die Kochinsel, als die Gestalt den gelben Lichtschein draußen auf der Veranda durchquerte und ihr Schatten sich deutlich abzeichnete. Dann ging sie erneut in Richtung der Vorderseite des Hauses, und Susie richtete sich auf. Sie ballte kurz die Fäuste und entspannte sich wieder. Dann ging sie zur Eingangstür.

Die Haustür war so alt wie das ganze Haus. Aus dickem Holz gebaut und so oft gebeizt, dass die ganze Tür immer kleben bleiben wollte, wenn man versuchte, sie zu öffnen. Die mit Schnitzereien verzierte Tür erinnerte Susie daran, dass sich die Zeit nicht aufhalten ließ, egal, wie sehr man sich das auch wünschte.

Die Schritte hielten inne.

Susie lauschte. Sie hörte nichts.

Dann griff sie nach dem Knauf der Haustür und öffnete sie.

Stück für Stück zog sie die Tür auf. Fünf Zentimeter. Zehn Zentimeter. Einen halben Meter. Sie holte tief Luft, trat durch den Spalt … und blickte in die Höhe.

Sie wartete, wie sie es immer tat. Jede Nacht. Es war beängstigend. Und doch so vertraut. Immer wieder.

Susie zuckte nicht zusammen, zitterte nicht und sprang nicht zurück, obwohl das alles wahrscheinlich vernünftiger gewesen wäre. Stattdessen sagte sie: „Ist es schon Zeit zurückzugehen?“

Chica streckte ihre gelbe Hand aus. Ihr Mund bewegte sich nicht. Susie wusste, dass Chica nicht antworten würde, weil Chica nicht mit ihr sprach.

Susie wandte sich von dem mannshohen animatronischen Huhn ab, das vor ihr stand. Sie schaute wieder die Treppe hinauf. Voller Sehnsucht.

Aber Sehnsucht führte zu nichts.

Susie blickte zurück zu dem animatronischen Huhn. Sie ignorierte den klaffenden Schnabel mit den vielen Zähnen und konzentrierte sich auf Chicas leuchtend gelben Körper und das große weiße Lätzchen, das um Chicas Hals hing, auf dem stand: „Essen fassen!“ Dann blickte sie auf das Törtchen, das Chica in der Hand hielt. Susie fand das Törtchen gruseliger als Chica selbst. Es besaß Augen und zwei Backenzähne, und aus seiner Mitte ragte senkrecht eine Kerze. Susie wusste nicht, wofür die Kerze stand. Für einen Tag? Ein Jahr? Ein Kind?

Sie ließ es zu, dass Chica sie an der Hand nahm und ging mit ihr vom Haus weg. Mit jedem Schritt fühlte sie sich weniger als sie selbst. Als sie dann an Olivers immer noch fallenden Blättern vorbeiging, war sie verloren.

* * *

Patricia starrte durch die offene Haustür auf die Eiche, die ihre Blätter im ganzen Vorgarten verteilte. Sie hatte das Gefühl, gerade etwas Wichtiges verpasst zu haben.

Erst einige Minuten zuvor hatte sie das Geräusch erneut gehört. Diesmal konnte sie es nicht ignorieren.

Aus dem Schlafzimmer war sie hinaus auf den Flur getreten. Als sie die Treppe hinuntergeschaut hatte, stand die Haustür weit offen.

Mit hämmerndem Herzen war sie zu Samanthas Zimmer gelaufen und hatte hineingespäht. Ein Blick hatte ihren Puls etwas beruhigt. Okay. Ihr schlimmster Albtraum war nicht wahr geworden.

Aber warum stand die Tür offen? Sie schnappte sich ein paar Stricknadeln und hielt sie wie ein Messer vor sich. So schlich sie durch das Haus und suchte nach einem Eindringling. Doch da war niemand.

Patricia schloss die Tür, verriegelte sie und presste ihre Hände dagegen. Sie drückte mit aller Kraft, als könne sie die Realität wegschieben, sie vielleicht in eine andere Form pressen.

Abrupt zog sie die Hände zurück und zog scharf den Atem ein. Es gab etwas, das sie nicht bedacht hatte. Was war, wenn nun jemand durch die noch offene Tür gekommen war, während sie das Haus durchsucht hatte.

Sie drehte sich um und lief die Treppe zu Samanthas Zimmer hinauf. Dann wurden ihr vor Erleichterung die Knie weich. Alles war in Ordnung.

Samantha war wach, sie setzte sich im Bett auf, die Decke bis zum Hals hochgezogen, die Fäuste so fest geballt, dass ihre Knöchel weiß hervortraten. Tränen ließen ihre Augen im schwachen Licht der Nachttischlampe glitzern.

Patricia setzte sich neben ihre Tochter. Sie wollte Samantha an sich ziehen, um sie fest zu umarmen. Aber das würde Samantha nicht gefallen. Sie tolerierte nur kleinste Berührungen.

Also legte Patricia nur kurz ihre Hand auf Samanthas Schulter, bevor sie sagte: „Ich weiß, dass du sie vermisst. Ich vermisse sie auch."

Samantha blinzelte und zwei Tränen rannen über ihre mageren Wangen. Sie machte sich nicht die Mühe, sie wegzuwischen.

Noch lange saß Patricia neben Samantha, aber weder Mutter noch Tochter sprachen. Schließlich stand Patricia auf, küsste ihre Tochter auf den Kopf und kehrte in ihr eigenes riesiges Bett zurück.

* * *

Samantha wartete, bis ihre Mutter gegangen war, bevor sie sich bewegte. Sie lag auf dem Rücken und beobachtete, wie Licht und Schatten an der Zimmerdecke Katz und Maus spielten.

Wäre Susie da, würde sie sich sofort eine Geschichte ausdenken, in der Licht und Schatten gegeneinander kämpften oder miteinander tanzten. Sie dachte sich immer irgendetwas aus.

Susie hatte das von ihrem Vater. Auch wenn ihre Mutter eigentlich die Künstlerin war und ihr Vater in Anzug und Krawatte zur Arbeit ging und Geschäfte machte, die weder Samantha noch Susie verstanden, war er derjenige, der Geschichten liebte. In seiner Freizeit las er immer irgendein Buch oder sah sich Filme an. Und tolle Geschichten konnte er sich auch ausdenken. Wenn er zu Hause war, erzählte er den Mädchen immer eine Gute-Nacht-Geschichte. Ihre Mutter dagegen würde nicht einmal versuchen, sich eine auszudenken. „Ich lese euch lieber etwas vor", sagte sie immer, wenn ihr Vater auf Geschäftsreise war.

Eine der Geschichten, die ihr Vater sich ausgedacht hatte, handelte von einem kleinen Jungen, in dessen Haus es einen geheimen Raum gab. Von dort konnte er alle seine Probleme lösen, egal, welche es auch waren. Ihr Vater erzählte dazu Hunderte Abenteuer und erfand jedes Mal ein neues Problem, das der Junge lösen musste.

Susie war überzeugt, diese Geschichten bedeuteten, dass es einen geheimen Raum in ihrem Haus gab. Und sie hatte ihren Vater immer danach gefragt. Seine Antwort jedoch war stets dieselbe: Er tat so, als würde er seine Lippen verschließen und einen unsichtbaren Schlüssel wegwerfen.

Susie meinte, der Weg in das geheime Zimmer befände sich irgendwo im Büro ihres Vaters auf der Rückseite des Hauses. Samantha dagegen glaubte, all das sei nur eine Geschichte, und sie war froh, dass das Büro immer verschlossen war und Susie sie deswegen nicht überreden konnte, sich auf die Suche nach dem geheimen Raum zu machen und deswegen Ärger zu bekommen.

Jetzt war das Büro nicht mehr verschlossen, weil ihr Vater fort war. Aber Susie sprach auch nicht mehr von der Suche nach dem geheimen Zimmer.

Samantha presste die Lippen zusammen, angewidert von sich selbst, weil sie an Susie und das blöde Geheimzimmer dachte. Dann fielen ihr die Geräusche ein, die sie nachts oft hörte. Sie versuchte sich einzureden, dass die nur Einbildung waren. Denn wenn sie hinausschaute, war nie irgendwas zu sehen. Aber als sie dort ganz allein in der Stille lag, konnte sie sich nicht recht davon überzeugen, dass sie sich das alles nur einbildete.

Sie war sich sogar ziemlich sicher, dass dort draußen etwas gewesen war.

Aber was?

Und warum?

* * *

In der frischen Luft des frühen Vormittags saßen Patricia und Jeanie nebeneinander in der mit gelben Blumenkissen gepolsterten Schaukel auf der Veranda. Patricia war sich bewusst, dass sie und Jeanie jedem, der vorbeikam, ein idyllisches Bild boten. Beide Frauen trugen breitkrempige Strohhüte, um ihre Gesichter vor der Sonne zu schützen, die schräg auf die Veranda schien. Dabei schlürften sie Tee, um die Herbstkälte zu vertreiben. Wahrscheinlich wirkten sie so entspannt, wie man es überhaupt nur sein konnte. Doch das waren sie nicht. Zumindest Patricia war es nicht.

Sie beobachtete ihre Freundin. Jeanie war, was ihre Größe und alles andere anging, fast das perfekte Gegenteil von ihr. Während Patricia groß und schlank war und dunkles Haar hatte, war Jeanie klein, mollig und blond. Trotz dieser Unterschiede besaßen beide Frauen eine gemeinsame Eigenschaft – sie lächelten gern und lachten oft. Doch Patricia gelang das nicht mehr.

Bebend holte sie Luft. „Ich überlege, ob ich mit Samantha zu einem anderen Therapeuten gehe." Sie erschrak, als sie merkte, wie ihre Stimme die Ruhe durchschnitt. „Rhonda ist nett, und Samantha mag sie, glaube ich – wobei das eigentlich schwer zu sagen ist.“ Sie scheuchte eine Fliege weg. „Aber letzte Woche habe ich mit Rhonda gesprochen und sie meint, dass Samantha irgendwie festhängt. Offenbar behält sie irgendetwas für sich, und nichts, was Rhonda tut, bringt sie zum Reden.“

„Samantha hat die Dinge schon immer auf ihre eigene Art gemacht“, sagte Jeanie. Und sie grinste. „Die Kleine hat zu allem eine eigene Meinung.“

Patricia versuchte zu lächeln, aber es gelang ihr nur halbwegs.

„Weißt du noch, wie sie Susie unbedingt dazu bewegen wollte, dem Baum einen Namen zu geben?“ Jeanie deutete auf die alte Eiche. „Wie heißt er noch?“

„Oliver.“ Patricia fing an zu weinen.

Jeanie setzte ihren Tee ab und nahm Patricias Hand. „Bitte entschuldige. Das war unsensibel von mir.“

Patricia fuhr sich über die Augen und schüttelte den Kopf. „Es ist jetzt schon ein Jahr her. Ich sollte wirklich …“

„Es gibt kein ‚sollte‘, wenn man ein Kind verloren hat. Hat dir das deine Therapeutin nicht gesagt?“

Patricia nickte. „Dafür gibt es keine Regeln.“

Mehrere Minuten lang nippte sie schweigend an ihrem Tee. Patricia sah, wie Oliver ein weiteres Dutzend Blätter fallen ließ. In der vergangenen Nacht hatte der Wind Hunderte seiner welken Blätter mitgerissen. Es hingen nicht mehr viele an seinen knorrigen Ästen. Bald würde er seinen Schal brauchen.

Jeanie tätschelte Patricias Knie. „Du denkst an Olivers Schal.“

Es tat Patricia körperlich weh, wenn sie sich daran erinnerte, wie die vierjährige Susie in jenem ersten Jahr, in dem sie ihm den Namen gegeben hatte, ins Haus gerannt war, nachdem Oliver sein letztes Blatt verloren hatte. Als sie zurückkam, hielt sie einen der Schals in der Hand, die Jeanie für sie gestrickt hatte.

Patricia starrte Oliver an und hatte das Gefühl, genau diese Szene, wie sie sich vor drei Jahren ereignet hatte, jetzt noch einmal vor sich ablaufen zu sehen. Das Bild war an einigen Stellen etwas unscharf, doch ansonsten wirkte alles fast real.

Die kleinen Arme verschränkt, die Stirn gerunzelt, sagte Susie: „Er wird frieren, wenn er keine Blätter hat." Sie trug ihre leuchtend orangefarbene Jacke.

Als Susie bemerkte, dass der Schal nicht groß genug war für Oliver, schien sie untröstlich … bis Patricia Susie vorschlug, ihre Patentante zu bitten, einen Schal speziell für Oliver zu stricken. Und seitdem hatte Jeanie jedes Jahr einen neuen Schal für Oliver gemacht.

„Ich habe ihn schon fertig", flüsterte Jeanie.

Tränen liefen Patricia über die Wangen. Sie war überrascht, dass sie immer noch Tränen hatte.

„Sie hat immer alles vermenschlicht", sagte Patricia. „Ich hab darin aber nie ein Problem gesehen."

„Es war ja auch kein Problem. Sie war einfach ein einfühlsames Kind mit einer lebhaften Fantasie."

„Deswegen war sie ja auch so leicht zu locken …" Patricia erkannte ihre eigene Stimme nicht wieder. Normalerweise sehr weich, klang sie jetzt so hart und rau wie Olivers Rinde. „Ich hätte ihre Fantasie bremsen sollen. Ich hätte …“

„Hör sofort auf!“ Jeanie wandte sich Patricia zu. „Nicht alle ermordeten Kinder waren wie Susie. Du weißt nicht, ob es anders gekommen wäre, wäre sie ein anderes Kind gewesen. Du darfst nicht ständig die Schuld bei dir suchen.“

Patricia blickte zu Boden. „Ich habe diesen Laden gehasst“, flüsterte sie. „Er war mir immer unheimlich. Aber Susie hat ihn geliebt.“

Jeanie runzelte die Stirn. „Bist du sicher, dass du das noch einmal durchleben möchtest?“

„Ich muss …“

„Nein, das musst du nicht.“

„Doch, allerdings. Ich kann es nicht einfach vergessen.“

„Warum nicht? Es hilft Susie doch nicht, wenn du dich immer wieder mit den Details quälst.“

Am liebsten hätte Patricia Jeanie angeschrien, dass sie den Mund halten sollte, aber ihr fehlte einfach die Kraft dazu.

Jeanie nahm Patricias Hände in ihre. „Deine Tochter ist von einem Serienmörder getötet worden. Sie ist an einem Ort in den Tod gelockt worden, an dem ihr nichts hätte passieren dürfen. Siehst du, jetzt haben wir es wieder ausgegraben. Und fühlst du dich nun besser?“

Patricia riss ihre Hände zurück und wollte aufstehen. Jeanie packte ihren Arm und hielt sie fest.

„Nicht weglaufen!“, sagte Jeanie. Dann senkte sie die Stimme, blieb aber im Ton entschieden, ohne zu schimpfen. „Du darfst nicht die Vergangenheit erst ausgraben und dann vor ihr weglaufen. Wenn du schon darauf bestehst, dich immer wieder damit zu beschäftigen, um dich zu quälen, dann solltest du das wenigstens auch durchstehen. Tust du es nicht, wirst du dein ganzes Leben lang davor weglaufen und Susie nie loslassen können."

Auf der Straße raste ein Auto vorbei, der Motor heulte. Der Gestank von Abgasen wehte zur Veranda hinauf. Irgendetwas daran ließ Patricias Wut versiegen.

„Sie hat ihren Lieblingspullover getragen, den, den du für sie gestrickt hast."

„Magenta mit rosa Streifen", sagte Jeanie.

„Sie wollte Pailletten", erinnerte sich Patricia.

„Und du hast mir nicht erlaubt, dass ich welche auf den Pullover nähe."

„Also hast du stattdessen Strasssteine auf ihre Jeans geklebt."

Jeanie lachte. „Du warst wirklich böse auf mich."

Patricia wischte sich über die Augen. „Ziemlich dumm, sich über so etwas aufzuregen."

Jeanie drückte sanft und kurz Patricias Arm. Eine Brise wehte vom Hof bis auf die Veranda, und Patricia zitterte.

* * *

Susie beobachtete, wie Samantha sich auf eine Harke stützte und Oliver finster betrachtete. „Es ist nicht seine Schuld", sagte Susie. „Er kann nichts dafür, dass seine Blätter auf dem Boden landen, wenn er sie loslässt."

Samantha seufzte.

Susie versuchte, sich nicht zu ärgern. „Ich habe doch gesagt, dass ich es mache“, erinnerte sie Samantha.

Gleich nachdem sie am Nachmittag nach Hause gekommen waren, hatte ihre Mutter gesagt: „Vielleicht könnt ihr vor dem Abendessen noch ein bisschen Laub harken.“

Susie hatte geantwortet: „Ich mache das.“

Aber bevor Susie die Harke holen konnte, hatte Samantha sie sich geschnappt, und jetzt wollte sie sie nicht mehr loslassen. Sie wollte es lieber „richtig“ machen, auch wenn es Susie nicht gefiel, anstatt es jemand anders „falsch“ machen zu lassen.

Gut. Sollte Samantha doch harken. Dann würde Susie einfach mit Oliver abhängen.

Als sie das Kratzen und Scharren der Harke hörte, ging Susie zur Rückseite seines Stammes, weg von der Straße, und umarmte den Baum. Oliver roch traurig und feucht. Sie legte ihre Wange an seinen Stamm und lauschte. Manchmal, wenn sie ganz genau hinhörte, war sie sicher, dass sie ihn atmen hören konnte.

„Hi Samantha!“

Der Gruß war vom Bürgersteig gekommen. Susie spähte um Oliver herum, weil sie wissen wollte, wer da nach ihrer Schwester rief. Es war Drew, der Junge mit dem Motorroller und den blonden Igelhaaren. Heute war er allein. Er hielt sich an seinem Roller fest und blickte über den Hof. Samantha starrte ihn an, als sei er ein Stier, der jeden Moment angreifen würde.

Drew winkte. „Ich sehe dich oft in der Schule und dachte, ich sage mal Hallo. Ich bin Drew."

Samantha blickte sich um, als vermutete sie eine Falle. Susie wollte ihr zur Seite stehen und sie ermutigen, mit dem Jungen zu reden, aber das würde Samantha nicht gefallen. Also blieb Susie in ihrem Versteck und beobachtete alles.

Drew kratzte sich an der Nase, und sein Roller fiel um. Er bückte sich, um ihn aufzuheben.

„Hi", sagte Samantha.

Drew richtete sich auf und grinste.

Samantha hielt die Harke wie eine Waffe in beiden Händen. Susie fand, dass sie nicht sonderlich freundlich wirkte.

„Geh schon rüber zu ihm", zischte Susie ihrer Schwester zu.

Samantha ignorierte sie. Susie wusste, dass es „unhöflich" war, ein fremdes Gespräch zu belauschen. Das jedenfalls sagte ihre Mutter immer. Also lief sie hinüber in den Garten neben dem Haus, und begann dort mit den wild wachsenden Pflanzen in den Blumenbeeten zu sprechen. Vielleicht würden die ihr sagen, warum ihre Mutter sie einfach ignorierte.

* * *

Samantha hoffte, dass der Junge weitergehen würde. Sie wünschte sich aber auch, dass er blieb. Er war süß. Aber war er wirklich nett oder veralberte er sie nur?

Drew trat näher, sodass er direkt an der Kante des Bürgersteigs stand. „Äh … es tut mir wirklich leid, was mit deiner Schwester passiert ist.“

Samantha blickte zu Boden, aber sie schaffte es, ein Danke herauszubringen. Dann trat sie mit einem zaghaften Schritt an den Bürgersteig.

Drew sah Samantha an. Dann blickte er zum Haus hinauf. Er senkte seine Stimme. „Siehst du sie manchmal?“

Samantha wurde ganz still. Sie spürte, wie ihr alles Blut aus dem Gesicht wich, und sie umklammerte die Harke so fest, dass es wehtat.

Drew legte seinen Roller auf den Boden und ging einige Schritte in den Garten. Dann öffnete er den Mund und die Worte purzelten so schnell aus ihm heraus, dass sie sich schon übereinanderzuschieben schienen. „Ich will nicht gemein sein, und ich mach mich auch nicht über dich lustig. Wirklich nicht. Aber ich glaube an Geister, und ich glaube, dass Menschen, die sterben, in der Nähe bleiben können, wenn sie das wollen. Ich hatte einen Onkel, der ist gestorben, und in der Nacht, in der er gestorben ist, habe ich ihn gesehen. Ein paar Jahre lang ist er dann immer wieder gekommen. Er hat darauf gewartet, dass mein Vater ihm etwas verzeiht. Ich denke, Geister bleiben, wenn sie etwas wollen. Deswegen habe ich gefragt. Ich wollte dich nicht ärgern.“

„In fünf Minuten ist das Abendessen fertig“, rief Samanthas Mutter von der Veranda. Sie hatte Drew nicht bemerkt.

Samantha wusste nicht, was sie erwidern sollte, also sagte sie nur „Okay“ und drehte sich um, weil sie hineingehen wollte.

„Bis bald“, rief Drew ihr nach.

* * *

Samantha konnte nicht einschlafen, weil sie ständig an Drew denken musste. Daran, was er gesagt hatte. An Drew zu denken, war irgendwie nett. Darüber nachzugrübeln, was er gesagt hatte, dagegen nicht. Seine Worte kreisten in ihrem Kopf. „Geister bleiben, wenn sie etwas wollen.“

Von unten hörte sie ein leises Schnarchen und Zischen. Samantha setzte sich auf. Sie wusste genau, woher dieses Geräusch kam.

Sollte sie hinuntergehen?

Oder besser warten?

Das Zittern, das immer bei diesem Geräusch einsetzte, begann in ihren Füßen und kroch dann ihre Beine hinauf. Sie ignorierte es, sprang aus dem Bett und tappte hinaus auf den Flur. Im Zimmer ihrer Mutter war nichts zu hören. Auch unten herrschte Stille. Aber war da nicht ein kalter Luftzug?

Samantha presste die Zähne aufeinander und zwang sich, die Treppe hinunterzugehen. Unten angekommen hielt sie inne. Dann schlich sie auf Zehenspitzen ins Esszimmer und schließlich in die Küche.

Wie sie erwartet hatte, stand die Hintertür weit offen.

Und jetzt hörte sie auch das andere Geräusch, das von der Veranda kam. *Wumm! Tock! Wumm! Tock!*

Mit einem Stöhnen, um ihre Angst zu überwinden, rannte sie durch die Küche, schlug die Hintertür zu und verriegelte sie. Dann stürmte sie, so schnell sie konnte, zurück zu ihrem Bett.

Dort angekommen versuchte sie sich einzureden, dass sie sich das alles nur eingebildet hatte.

* * *

In all den Monaten, seit sie zu Rhonda gingen, hatte die noch nie Samantha zurückgebracht. War das eine Art Test?

Samantha runzelte die Stirn und versuchte herauszufinden, was los war. Sie blickte sich im Zimmer um. Es war schlicht eingerichtet und sehr ordentlich, so wie Samantha es mochte. Es gab nur einen dicken hellbraunen Teppich, Rhondas Stuhl – ein cremefarbener Plüschsessel mit niedriger Rückenlehne und breiten Armlehnen –, ein hellbraun und cremefarben gestreiftes Sofa und einen Holztisch in Kindergröße neben einer mit Spielzeug gefüllten Truhe. Der Raum interessierte Samantha, denn er ragte aus dem Haus heraus, wie eine Kiste, die sieben Meter über dem Boden schwebte. Drei Seiten der Kiste waren aus Glas.

Ein tiefer Seufzer von Rhonda ließ Samantha blinzeln. Rhonda drehte sich schließlich wieder zu ihr herum, um sie anzusehen.

„Es tut mir leid“, sagte Rhonda. „Ich habe versucht, etwas herauszufinden.“

Die Falte zwischen ihren buschigen schwarzen Augenbrauen war ungewöhnlich. Rhonda runzelte nicht die Stirn. Meistens lächelte sie zu viel, wie Samantha fand. Das war nicht normal, besonders nicht für jemanden, der sich den ganzen Tag die Probleme anderer Leute anhörte.

„Es gefällt mir, Dinge herauszufinden", sagte Samantha.

„Das weiß ich." Rhonda schob ihr langes schwarzes Haar zurück.

Samantha starrte in Rhondas große braune Augen. „Und was versuchen Sie herauszufinden?", fragte sie.

„Ich versuche herauszufinden, wie ich deine Mutter davon abhalten kann, dich zu einer anderen Therapeutin zu schicken."

Samanthas Kopf zuckte hoch. „Warum will mich meine Mutter woanders hinschicken?"

„Weil du mit mir nicht vorankommst."

„Wie meinen Sie das?"

Rhonda beugte sich vor. „Samantha, ich weiß, in deinem Kopf hat sich etwas festgesetzt. Ein Gedanke. Ein Glaubenssatz. Irgendetwas, das du immer wieder denkst, hat sich dort verfangen, und du kannst es nicht loslassen."

Rhonda hatte recht, aber das sagte Samantha ihr nicht.

Stattdessen starrte sie auf ihre ordentlich gebundenen marineblauen Turnschuhe. Sie mochte es, wenn die Dinge an ihrem Platz waren. Unordnung war nichts für sie.

Veränderung bedeutete Chaos. Therapie auch. Bevor sie zu Rhonda gegangen war, hatte ihre Mutter sie zu zwei anderen Therapeuten gebracht, die dazu da waren, ihr zu helfen. Beide hatten gewollt, dass sie mit einem chaotischen

Haufen Spielzeug in einem unordentlichen Zimmer spielte. Samantha hatte ihre Mutter angefleht, sie nicht wieder dorthin zu schicken.

Schließlich hatte ihre Mutter sie hierhergebracht. Sie war zwar nicht begeistert, aber auch nicht völlig dagegen. Rhonda war anders. Dieses Zimmer war anders. Samantha kam mit beidem klar.

„Wir hatten Streit", sagte sie.

Sie musste Rhonda sagen, was sich in ihrem Kopf festgesetzt hatte, damit ihre Mutter sie nicht zwingen würde, woanders hinzugehen.

„Du und Susie?"

Samantha nickte.

„Okay." Rhonda kritzelte auf ihrem Notizblock herum. Das hatte Samantha schon immer genervt – das Gekritzel –, aber sie hatte sich daran gewöhnt. „Es ging um Gretchen."

„Wer ist Gretchen?"

„Die Puppe, von der meine Mutter gesagt hat, wir müssen sie teilen."

„Wessen Puppe war es denn?"

„Mama hat sie uns beiden geschenkt, zusammen." Samantha rollte mit den Augen. „Das fand ich total doof. Ich will, dass meine Sachen mir gehören. Ich nehme ja auch nicht Susies Sachen, und deswegen möchte ich meine eigenen haben."

„Okay."

„Aber Mama hat gesagt, wir müssten teilen."

Rhonda nickte.

„Also habe ich versucht, Susie zu erklären, dass wir Gretchen jeweils für eine bestimmte Zeit haben können. Wenn Gretchen bei mir war, hat sie immer gelernt."

Rhonda lächelte und nickte wieder.

„Susie hat das aufgeregt. Sie hat gesagt, Gretchen würde nicht gern lernen. Gretchen ginge gern in den Zoo. Sie wollte, dass Gretchen die ganze Zeit mit ihren Stofftieren spielen kann. Sie hat gesagt, wenn Gretchen lernen müsste, wäre sie traurig."

Samantha hielt inne und erinnerte sich an Susie, wie sie in ihrem Zimmer gestanden hatte, die Hände in die Hüften gestemmt, die Unterlippe vorgeschoben. Als Samantha darauf bestanden hatte, dass Gretchen lernen musste, hatte Susie einen Wutanfall bekommen und geschrien: „Aber das wird sie *hassen*!"

„Und was ist dann passiert?", fragte Rhonda.

„Als ich versucht habe, Gretchen vor ein Buch zu setzen, hat Susie sie gepackt und ist mit ihr weggelaufen. Sie …"

„Sie was?"

Samantha zählte ihre Atemzüge, wie Rhonda es ihr beigebracht hatte. Das sollte gegen dieses komische Gefühl helfen, dass Käfer an ihren Beinen hinaufkrabbelten.

Eins.

Zwei.

Drei.

Vier.

Als sie das vierte Mal ausatmete, sagte Samantha: „Sie ist weggelaufen und hat Gretchen versteckt. Dann ist sie zurückgekommen und hat mir gesagt, was sie getan hat.

Ich habe gemeint, ich würde Gretchen schon finden, und Susie hat sich wieder aufgeregt. Sie hat mir dann gesagt, dass sie ein besseres Versteck für Gretchen suchen würde und dass ich sie dann nie finde.“ Samantha ballte die Fäuste und hielt sie vor ihr Gesicht.

Dann sagte sie: „Ich glaube, sie hat überlegt, wo sie Gretchen verstecken kann, und deshalb ist sie entführt worden. Sie dachte, wer immer sie entführt hat, würde ihr helfen, die blöde Puppe zu verstecken.“

Rhonda atmete einmal tief durch. „Danke, dass du mir das erzählt hast.“

„Steckt jetzt nichts mehr bei mir fest?“

„Ich glaube nicht.“

Samantha nickte. Gut.

„Und wo ist die Puppe jetzt?“, wollte Rhonda wissen.

„Ich habe sie nicht gefunden.“

* * *

Susie dachte, dass Samantha heute ungewöhnlich gesprächig war. Sie hatte nicht mehr aufgehört zu reden, seit ihre Mutter sie aus diesem lustigen Glashaus abgeholt hatte, das Samantha dreimal in der Woche besuchte. Obwohl Samantha über langweiliges Zeug redete, über das Multiplizieren und Dividieren der Zahl 5, schien ihre Mutter nichts dagegen zu haben, ihr zuzuhören. Sie nickte immer wieder, während sie nach Hause fuhren. Aber sie lächelte nicht. Und Samantha auch nicht. Samantha war so steif, dass sie wie ein Roboter wirkte. Sie hörte sich auch wie ein Roboter an. Es war schon seltsam. Sie plapperte, als müsse sie reden, weil sonst irgendetwas Schlimmes passieren würde.

Wenn sie schon reden musste, konnte sie dann nicht über etwas Gutes sprechen?

„Wie wäre es, wenn wir mal über irgendetwas Niedliches reden?“, fragte Susie.

Samantha und ihre Mutter hatten sie offenbar nicht gehört, denn Samantha sprach weiter über Zahlen und Mathe. Susie seufzte.

Warum sollte sie weiter mit ihnen abhängen, wenn die beiden sie doch nur ignorierten?

Susie wandte den Kopf und schaute auf Samanthas rechtes Ohr. Samanthas Ohren waren nicht gepierct wie die von Susie. Susie trug gern bunte Ohrringe. Doch Samantha weigerte sich, ihre Ohren durchstechen zu lassen, weil sie da keine Löcher haben wollte. Susie fragte sich, ob sie all die langweiligen Worte aus dem Kopf ihrer Schwester vertreiben könnte, wenn sie nur stark genug pustete.

Susie holte tief Luft und pustete so fest sie konnte in Samanthas Ohr.

Samantha hörte auf zu reden.

Ha! Susie grinste.

„Bist du fertig mit deiner Geschichte?“, fragte Susies Mutter ihre Schwester.

Samantha antwortete nicht. Völlig unbewegt saß sie auf ihrem Sitz.

Susie war sich nicht sicher, ob diese Stille wirklich besser war als das pausenlose Geplapper. Es war keine weiche, angenehme Stille, wie ein kuscheliger Plüschbär sie ausstrahlte. Es war eine scharfe Stille, wie die spitzen Enden von Metallgegenständen, die einen piksen. Die Stille schmerzte in den Ohren – und in ihrem Herzen.

Susie begann zu singen, um die Stille zu durchbrechen.

Keiner sang mit, aber das war ihr egal. Sie sang, bis Susies Mutter in ihre Straße einbog. Dann verstummte Susie und wartete sehnsüchtig darauf, dass ihr Haus in Sicht kam, damit sie sich um Oliver kümmern konnte.

Susies Mutter blieb stehen, um ein entgegenkommendes Auto durchzulassen, bevor sie in ihre Einfahrt einbog. Der Blinker des Wagens gab das übliche Tick-Tick-Tick von sich, bis Susies Mutter abgebogen war. Susie ahmte das Geräusch nach. Niemand sagte ihr, sie solle es lassen.

Oliver hatte noch viel mehr Blätter verloren. Es waren nur noch ein paar übrig. Würden sie lange genug durchhalten?

* * *

Susie saß am Fußende von Samanthas Bett und sah ihrer Schwester beim Lesen zu. Samantha wirkte angespannt. Sie hielt das Buch ganz steif und brauchte lange, bis sie die nächste Seite umblätterte.

„Ich muss dir etwas gestehen“, sagte Susie.

Samantha blickte nicht auf.

„Ich vermisse euch, wenn wir nicht zusammen sind. Und ich weiß, dass du mich auch vermisst.“

Samantha blätterte eine Seite weiter. Ihre Hand zitterte.

„Und ich vermisse Gretchen. Vermisst du sie auch?“

Samantha las weiter.

Susie mochte es überhaupt nicht, wenn Samantha sie ignorierte, trotzdem redete sie weiter. „Ich weiß nicht, warum, aber ich kann mich nicht erinnern, wo ich Gretchen versteckt habe.“ Susie biss sich auf einen Fingerknöchel. „Ich glaube nicht …“

Sie verstummte. So funktionierte das nicht. Samantha würde ihr nicht helfen.

Warum nur konnte Susie sich nicht daran erinnern, wo sie Gretchen versteckt hatte? Sie wusste noch, wie wütend und aufgebracht sie gewesen war, weil Samantha Gretchen zum Lernen zwingen wollte. Gretchen war eine sehr sensible Puppe. Mit Sommersprossen und lockig-blonden Haaren, einem weichen, runden Gesicht und einem schüchternen Lächeln. Jene Art von Lächeln, an dem Susie erkannte, dass sie leicht zu erschrecken war. Als Susie Gretchen versteckt hatte, trug sie ein rosa- und lilafarbenes Tupfenkleid, das Jeanie genäht hatte. Es sollte Gretchen helfen, glücklicher zu sein.

Aber dann hatte Samantha Druck auf Gretchen ausüben wollen, damit sie „etwas lernte“. Nicht einmal ein schönes Kleid konnte das übertrumpfen.

Susie wusste, wie wichtig es Gretchen war, dass sie immer noch bei ihr war. Susie war der einzige Mensch, der sie verstand. Sie wusste, wie es war, glücklich sein zu wollen und Freude zu haben in einer Welt, die von einem erwartet, dass man lernt und in allem immer besser wird. Sie konnte Gretchen nicht allein lassen, verloren und vergessen in irgendeinem Versteck. Sie wünschte sich, Samantha würde ihr zuhören. Susie fuhr über das Buch, das Samantha in der Hand hielt, und fuchtelte vor ihren Augen herum.

Samanthas Gesicht wurde ganz bleich, und sie rührte sich nicht. *Was denkt sie gerade?*, überlegte Susie. Sie hätte ja gefragt, aber sie wusste, dass Samantha ihr sowieso nicht antworten würde.

Manchmal verhielt sich Samantha eben so und manchmal auch ganz normal. Ihre Großmutter sagte immer: „Diese Samantha – sie ist ein schwer zu durchschauendes Kind. Susie dagegen ist ein offenes Buch." Wenn Susie so offen war, warum konnte Samantha nicht verstehen, was Susie ihr zu sagen versuchte?

Wie konnte Susie sich Samantha nur verständlich machen?

Samantha sprang aus dem Bett und legte ihr Buch sorgfältig auf die Ecke ihres Schreibtischs. Sie setzte sich in ihren weißen Schreibtischstuhl mit der geraden Rückenlehne, öffnete eine Schublade und holte Bastelpapier und Buntstifte heraus.

Das war die Idee! Vielleicht könnte Susie ein Bild malen. Das würde Samantha dann sehen und sich an Gretchen erinnern.

Und wenn Susie ein Bild malte, würde sie sich vielleicht auch daran erinnern, wo sie Gretchen versteckt hatte.

Susie starrte auf das Papier und die Buntstifte. Würde Samantha bereit sein, beides mit ihr teilen?

„Samantha, könntest du bitte mal kommen?", rief da ihre Mutter.

Perfekt.

Susie wartete, bis Samantha den Raum verlassen hatte, dann stibitzte sie ein rosafarbenes Blatt Papier und einen lila Buntstift, der noch kaum benutzt war. Sie ließ sich auf Samanthas blauen Teppich plumpsen und streckte sich dann auf dem Bauch aus. Die Zunge fest gegen die Zähne gedrückt, begann Susie zu zeichnen. Es kostete sie all ihre Konzentration, um sicherzustellen, dass die Zeichnung auch auf dem Blatt erschien, aber sie schaffte es.

Zeichnen war alles, was sie tun konnte. Wenn sie einen Zettel schrieb, würde Samantha ihn nicht lesen.

„Mal nicht so lange", mahnte Susies Mutter draußen auf dem Flur. „Ich komme bald, um dich ins Bett zu bringen."

Susie hörte, wie sich Samanthas Schritte näherten. Sie beeilte sich, das Bild zu beenden. Als sie fertig war, ließ sie es auf dem Boden liegen und zog sich auf die gepolsterte Fensterbank zurück.

Die Knie unters Kinn gezogen blickte sie aus dem Fenster. Oliver konnte sie nicht erkennen, weil sich Samanthas hell erleuchtetes Zimmer in der Scheibe spiegelte. Dafür sah sie ein paar Blätter, die am Fenster klebten. Als sie sich etwas vorbeugte, bemerkte sie, dass es Efeu war, der an dem Spalier beim Verandadach hinaufkletterte.

Susie lächelte. Sie konnte sich noch gut daran erinnern, wie ihr Vater das Spalier am Haus angebracht hatte. Der Efeu ihrer Mutter, dem Susie den Namen Ivy gegeben hatte, war an den Pfosten der Veranda emporgerankt, und ihre Mutter hatte ihn schneiden wollen. Susie fand, das wäre traurig. „Kannst du Ivy nicht höherklettern lassen?", hatte sie gefragt.

Ihre Mutter hatte geantwortet: „Wenn wir da ein Spalier hätten …“

Jetzt sah es so aus, als hätte Ivy die Spitze des Spaliers erreicht und würde versuchen, sich in Samanthas Zimmer zu schieben. Hätte Ivy wohl mehr Glück dabei gehabt, Samantha zum Reden zu bringen?

* * *

Samantha platzte in ihr Zimmer und stürmte zu ihrem Schreibtisch. Wenn sie die Zeichnung bis zum Abend fertigstellen wollte, würde sie sich beeilen müssen.

Noch bevor sie jedoch ihren Schreibtisch erreichte, bemerkte Samantha etwas auf dem Boden. Außer dem Teppich sollte dort eigentlich nichts sein. Doch da lag ein rosafarbenes Blatt Papier. Als sie den Raum verlassen hatte, war es noch nicht da gewesen. Da war sie sich sicher.

Ihre Mutter war die ganze Zeit unten bei ihr gewesen. Und sonst war niemand im Haus.

Das bedeutete …

Samantha wollte gar nicht hinsehen. Wenn sie hinschaute …

Da sie es mit ihrer eigenen Zeichnung nicht mehr sehr eilig hatte, starrte Samantha lange auf das rosafarbene Papier.

Schließlich beschloss sie, dass es besser war, es aufzuheben, als es liegen zu lassen. Solange es auf dem Boden lag, konnte Samantha sich alle möglichen gruseligen Gründe ausdenken, warum es dort lag. Hob sie es aber auf, würde sie mit Sicherheit erkennen, was es war.

Susie dachte immer, Samantha hätte nicht viel Fantasie. Das stimmte aber nicht. Das Problem war eher, dass Samantha viel zu viel Fantasie besaß. Sie hatte so viel Fantasie, dass sie sich mit nur ein oder zwei Gedanken zu Tode erschrecken konnte.

Mit ruhigen Schritten ging Samantha auf den Teppich zu. Dabei ließ sie das Blatt Papier nicht aus den Augen. Warum, hätte sie nicht sagen können. Dachte sie, es würde vom Boden hochspringen und sie angreifen? Und dann was tun? Sie schneiden?

Als sie klein war, hatte Samantha sich einmal an einem Blatt Papier geschnitten. Susie hatte geweint, als sie das Blut sah. Samantha aber nicht. Ja, es brannte ein wenig, aber sie fand es höchstens unangenehm, aber nicht schmerzhaft. Wie konnte man sich an so etwas Dünnem wie Papier schneiden?

Als Samantha das Blatt aufhob, erkannte sie verschnörkelte lilafarbene Linien. Doch als sie genauer hinsah, fügten sich die verschnörkelten Linien zu Formen zusammen, die durchaus einen Sinn ergaben.

Die Zeichnung bestand aus drei Teilen wie ein Comicstrip in der Zeitung.

Der erste Teil, ganz links auf der Seite, zeigte zwei kleine Mädchen. Eins hatte einen Pferdeschwanz, während dem anderen die Haare ins Gesicht flogen. Das Mädchen mit den fliegenden Haaren hielt offenbar einen Spiegel in der Hand. Sie steckte den Spiegel einem Baby hin, das in der Luft zu schweben schien. Die andere Hand hielt sie dem Mädchen mit dem Pferdeschwanz entgegen. Zwischen dem Baby und dem Mädchen hatte ein großes Huhn mit spitzen Zähnen die Hände gehoben.

Wie jetzt?

Der zweite Teil der Zeichnung, der durch eine senkrechte Linie vom ersten Teil getrennt war, zeigte den Mond über einem Haus, der ein wenig Samanthas Haus ähnelte. Das Mädchen mit den fliegenden Haaren ging vom Haus weg und hielt sich dabei mit dem großen Huhn an den Händen. Rechts von dieser zweiten Zeichnung trennte eine weitere senkrechte Linie eine dritte Zeichnung ab. Sie zeigte ebenfalls einen Mond, ein Haus und das Mädchen mit den fliegenden Haaren, das Hand in Hand mit dem Huhn davonging. Aber nach der dritten Zeichnung kam eine dicke, dunkle Linie. Samantha sah, wo der Stift wieder und wieder auf und ab bewegt worden war, bis der dicke Strich entstanden war, dessen Bedeutung Samantha nicht verstand.

Mit gerunzelter Stirn starrte sie das Bild an. Hatte sie es selbst gemalt und dann vergessen?

Wenn sie das nur glauben könnte.

* * *

„Ich wünschte, du würdest einfach mit mir reden", flüsterte Susie. „Ich vermisse die Zeit so sehr, in der wir uns unterhalten haben. Ich weiß, du hast gedacht, dass ich zu viel rede, aber du hast trotzdem zugehört. Ich hätte wirklich gern jemanden, der zuhört."

Sie war so frustriert. Das alles erinnerte sie an das Spiel Scharade. Einmal hatte sie auf einer Geburtstagsparty ihrer Freundin Chloe Scharade gespielt. Eigentlich mochte Susie alle Spiele, aber Scharade war nicht so lustig, wie sie gehofft hatte. Sie war der Meinung gewesen, dass ihre gespielten Hinweise eindeutig waren, aber niemand hatte verstanden, was sie darstellen wollte. Keiner hatte richtig geraten. Als sie später ihrer Mutter davon erzählte, sagte die: „Du denkst nicht so wie andere Leute. Das ist nicht schlecht. Du bist superkreativ."

Nicht kreativ genug, dachte Susie, auf die Zeichnung starrend, die sie auf dem Teppich zurückgelassen hatte.

Was konnte sie sonst noch tun?

Susie sprang von der Fensterbank und rannte zu Samanthas Schreibtisch. Sie bemerkte, dass Samantha von der Zeichnung aufblickte, als sie vorbeieilte, aber Susie machte sich nicht die Mühe, etwas zu sagen. Wenn Samantha sich so verhielt wie im Moment, hatte das keinen Sinn. Außerdem wollte Susie noch etwas anderes zeichnen.

An Samanthas Schreibtisch schnappte sich Susie ein Stück blassgelbes Papier und einen schwarzen Buntstift. Sie ließ sich in Samanthas Schreibtischstuhl fallen und begann von Neuem.

* * *

Samantha hatte gespürt, wie sich die Luft bewegte, aber sie wollte nicht darüber nachdenken, warum das so war. Und sie wusste auch, dass sie sich nicht umdrehen konnte.

Samantha schlug eine Hand vor den Mund, um nicht zu kichern. Sie lachte normalerweise nicht viel. Manchmal konnte ihr Vater sie zum Kichern bringen, wenn er sie kitzelte. Aber dieses Kichern kam nicht vom Kitzeln. Dieses Kichern war von Furcht genährt, es war „hysterisch“. Ein Wort, mit dem ihr Vater oft ihre Mutter bezeichnet hatte, bevor er die Familie verlassen hatte. Samantha wollte nicht hysterisch werden.

Sie zählte ihre Atemzüge, wie sie es in der Therapie gelernt hatte.

Eins.

Zwei.

Drei.

Vier.

Die Luft in Samanthas Zimmer war irgendwie dick und klebrig, fast wie Melasse. Samantha wusste nicht, wie es dazu kommen konnte, dass sich Luft wie Melasse anfühlte, aber gesund konnte das nicht sein. Sie musste da raus.

Sie ließ die Zeichnung liegen, wo sie sie vorgefunden hatte, und machte sich auf den Weg hinaus. Im Türrahmen blieb sie stehen. Etwas lag auf ihrem Schreibtisch.

Eine weitere Zeichnung.

Samantha zuckte zusammen und wich zurück, aber sie konnte ihren Blick nicht abwenden.

Wie die erste Zeichnung hatte auch diese drei Kästen. Im ersten ging das Mädchen mit den fliegenden Haaren von der Haustür des gleichen Hauses weg. Der Mond war nur eine dünne Sichel, ähnlich dem Mond, den Samantha in der vorangegangenen Nacht gesehen hatte. Im zweiten

Kasten ging das gleiche Mädchen von der gleichen Tür weg, aber der Mond war etwas voller geworden. Und dann im dritten Kasten war das Mädchen nicht einmal mehr zu sehen. Der Kasten zeigte nur die Tür des Hauses und einen noch größeren Mond.

„Bist du bereit fürs Bett?“, rief Samanthas Mutter herauf. Ohne sich weiter um die seltsame Luft im Raum zu kümmern, sammelte Samantha die Zeichnungen zusammen und schob sie unter ihre Bettdecke. Sie würde sie sich später mit einer Taschenlampe noch einmal ansehen.

* * *

Normalerweise wartete Susie, bis ihre Mutter gegangen war, bevor sie zu ihrer Schwester ins Bett krabbelte, aber heute Abend war das anders. Sie wollte keine Sekunde mehr getrennt verbringen.

Auf der Fensterseite von Samanthas Bett rollte sie sich zusammen und beobachtete, wie Samantha ihr lustiges Abendritual durchführte.

Zuerst musste Samantha an ihrem Schreibtisch sitzen und mindestens einen Absatz in ihr Tagebuch schreiben. Dann ging sie durch den Flur ins Bad und putzte sich die Zähne. Danach pinkelte sie und dann trank sie ein halbes Glas Wasser.

„Dann musst du wieder pinkeln“, hatte Susie eines Abends zu ihrer Schwester gesagt. Samantha hatte ihr nur die Zunge herausgestreckt.

Nachdem sie das Glas ausgetrunken hatte, berührte Samantha viermal ihre Zehen und bürstete ihr Haar fünfzig Mal. Dann ging sie zu ihrem Puppenkasten und sagte ihren Puppen gute Nacht. Danach ging sie ins Bett.

Keines dieser Dinge war für sich allein genommen lustig, aber die Art und Weise, wie Samantha sie alle jeden Abend auf die gleiche Weise und in der gleichen Reihenfolge tat, war durchaus witzig. Zumindest für Susie.

An diesem Abend verlief die Routine ein wenig anders, weil Samantha ihre Taschenlampe aus der Nachttischschublade holte. Als sie dann unter die Bettdecke schlüpfte, schob sie die Taschenlampe zu den Zeichnungen, die dort immer noch warteten. Susie hörte, wie das Papier raschelte, als Samantha sie ein Stück zur Seite schob und sich dann wie eine schlafende Prinzessin ins Bett legte. Schließlich rief sie: „Ich bin fertig, Mama!"

Susie betrachtete Samanthas Profil, während sie darauf wartete, dass ihre Mutter ins Zimmer kam. Samantha hatte einen kleinen Huckel auf der Nase, etwa auf halber Höhe zwischen Nasenwurzel und der runden Spitze. Susie mochte diesen Huckel. Sie selbst hatte keinen Huckel und sie fand, dass Huckel Nasen schöner machten. Sie mochte auch die kleine hakenförmige Narbe unter Samanthas rechtem Auge. Susie *hatte* zwar auch eine Narbe, aber ihre saß ganz oben auf der Stirn und wurde vom Haaransatz verdeckt.

Susie hatte sich ihre Narbe zugezogen, weil sie etwas getan hatte, was sie nicht hätte tun sollen. Samantha hatte sich ihre Narbe zugezogen, weil Susie etwas getan hatte, was sie nicht hätte tun sollen.

Als Susie klein gewesen war, hatte sie es geliebt, auf irgendwelchen Sachen herumzuklettern. Besonders gern stieg sie auf das Geländer der Veranda, um dann darauf um das ganze Haus herum zu balancieren. Sie war sehr geschickt darin, die einzige Schwierigkeit war, um die Stützpfosten des Vordachs herumzukommen, denn ihre Arme waren zu kurz, um sie ganz zu umfassen. Sie fiel oft herunter. Normalerweise landete sie dann mitten im Blumenbeet ihrer Mutter und bekam deswegen Ärger. Bei ihren Blumen verstand ihre Mutter keinen Spaß.

Eines Tages, als Susie sich nach ihrem letzten Sturz wieder einmal den Dreck abklopfte, sagte Samantha: „Es gibt eine bessere Möglichkeit, wenn du um die Pfosten herumklettern willst.“

„Wer sagt das?“

„Ich sage das.“

„Und woher willst du das wissen?“

„Ich weiß es einfach, und ich weiß auch, wie man das macht.“

„Okay, dann zeig es mir“, sagte Susie.

„Nein. Mama hat gesagt, wir sollen da nicht hochsteigen.“

„Und warum hast du dann davon angefangen?“

„Weil es einen besseren Weg gibt.“

„Aber wenn du ihn mir nicht zeigen willst, wen interessiert es dann, ob es einen besseren Weg gibt? Du bist einfach nur eine Besserwisserin.“

„Bin ich gar nicht.“

„Bist du wohl.“

Die beiden Mädchen standen neben den gelben Begonien an der Seite des Hauses einander gegenüber, die Hände in die Hüften gestemmt, fast Nase an Nase. Obwohl ein Jahr älter, war Susie nicht größer als ihre Schwester.

„Ich glaube, dass du lügst. Es gibt gar keinen besseren Weg“, sagte Susie.

„Ich lüge nicht.“

„Tust du doch.“

„Nein, tu ich nicht.“

Inzwischen schrien die beiden sich schon an.

„Worüber streitet ihr?“, rief ihre Mutter dazwischen.

Sie war im Haus und machte die Wäsche, und Susie wollte, dass sie auch dort blieb, damit sie weiterspielen konnten. Sie beugte sich vor, bis Samanthas und ihre Nase sich berührten, und flüsterte: „Doch, das tust du.“

Samantha zog ihr Pekinesengesicht und sagte: „Gut.“ Dann marschierte sie um Susie herum und kletterte neben einem der Pfosten auf das Geländer.

Susie blieb der Mund offen stehen. Samantha stellte sich mit dem Rücken gegen den Pfosten. „Siehst du, du musst so drum herumgehen und nicht mit dem Gesicht zum Pfosten. Dann zieht dich das Gewicht von deinem Hintern nicht vom Geländer.“

Samantha begann, es ihr vorzumachen, doch sie rutschte ab, verlor den Halt und fiel mit dem Gesicht voran in das Blumenbeet. Susie war an derselben Stelle schon einmal vom Geländer gefallen und hatte sich nur schmutzig gemacht. Aber irgendwie traf Samantha mit dem Gesicht einen der Pflanzstäbe, an dem die Clematis ihrer Mutter festgebunden war.

Danach war Samantha tagelang sauer auf Susie gewesen. Nicht nur, weil sie hatte genäht werden müssen, sondern auch, weil sie wegen der Kletterei auf dem Geländer auch eine Menge Ärger bekommen hatte. „Das ist ihre Idee gewesen!“, hatte Samantha geschrien und auf Susie gezeigt.

„Du solltest es aber besser wissen“, entgegnete ihre Mutter. „Sonst tust du auch nichts, was du nicht tun willst.“ Und damit hatte ihre Mutter recht.

Wie auch jetzt.

„Nicht die Geschichte“, sagte Samantha zu ihrer Mutter. „Ich möchte, dass du mir die von dem glücklichen Gespenst vorliest.“

Susie lächelte. Das war in letzter Zeit eine von Samanthas Lieblingsgeschichten geworden.

Susies Mutter schien etwas entgegnen zu wollen, aber dann seufzte sie, nahm das oberste Buch von dem ordentlichen Stapel auf Samanthas Nachttisch und setzte sich auf die Bettkante.

Susie wünschte, sie könnte etwas für ihre Mutter tun. Sie sah so blass aus. Nein, mehr als blass. Sie sah aus, als würde ihre Haut immer mehr durchscheinen. Darunter waren ihre Adern zu erkennen, die über ihre Stirn und ihre Hände und ihre Arme krochen. Sie sahen aus wie blaue Würmer.

Als Susie das erste Mal solche Adern bei einer alten Dame gesehen hatte, war sie überzeugt gewesen, dass es sich tatsächlich um Würmer handelte, und sie hatte geschrien.

Ihre Mutter hatte ihr dann erklärt, was die blauen Linien in Wirklichkeit waren.

„In einem hohen alten Haus auf einem hohen alten Berg schwebte das große alte Gespenst durch die Haupthalle", begann Susies Mutter vorzulesen.

Susie stopfte sich das Kissen unter den Kopf und rutschte näher an Samantha heran. Samantha stockte der Atem und sie wurde stocksteif, als habe eine böse Hexe sie plötzlich erstarren lassen.

Susie schniefte und wich wieder ein Stück zurück. Warum war Samantha nur so wütend auf sie?

„Das große alte Gespenst in dem großen alten Haus war kein schönes Gespenst", las Susies Mutter weiter. „Aber es war ein glückliches Gespenst. Es war ein sehr, sehr glückliches Gespenst."

Susie bemerkte, dass die Augen ihrer Mutter feucht glänzten. Sie bemerkte auch, dass die Stimme ihrer Mutter erstickt klang und brüchig. „Lies weiter", sagte Samantha.

Wieder seufzte ihre Mutter.

Susies Mutter las die bekannte Geschichte von dem Gespenst, das so glücklich war, weil es für immer mit seiner Familie zusammen sein konnte – bis es herausfand, dass es anders kommen sollte, weil die Familie umziehen würde. Dieser Teil machte Susie immer genauso traurig wie das Gespenst aus der Geschichte. Sie konnte sich nicht vorstellen, aus diesem Haus auszuziehen. Wer würde sich dann um Oliver kümmern?

Susies Mutter las schnell weiter, bis sie zu der Stelle kam, an der das Gespenst herausfand, dass es, wenn es das Haus verließ und an einen Ort voller Licht ging, wo die wirklich glücklichen Gespenster lebten, niemals mehr von seiner Familie getrennt sein würde, egal wohin die zog. Diesen Teil las ihre Mutter langsamer und sie musste sich oft räuspern.

Susie dachte, es wäre sehr schön, an einem Ort zu sein, an dem man nie von seiner Familie getrennt wurde. Sie liebte es, bei ihrer Mutter und bei Samantha zu sein. Samantha war zwar manchmal eine Nervensäge, aber sie war auch Susies Schwester.

Als die Geschichte zu Ende war, stand Susies Mutter auf, zögerte kurz und ging dann zur Tür. „Schlaf schön", sagte sie.

Susie wünschte sich, dass ihre Mutter ihnen einen Gutenachtkuss geben und sie umarmen würde, so wie früher. Aber Samantha hatte beschlossen, dass sie dafür zu alt waren. Offenbar meinte ihre Mutter, dass Susie Samanthas Meinung war – aber das war sie ganz und gar nicht.

Sobald ihre Mutter das Licht ausgemacht hatte, rollte sich Samantha auf die Seite.

„Gute Nacht, Samantha", sagte Susie, aber ihre Schwester antwortete nicht.

Susie zuckte die Schultern und drehte sich mit dem Gesicht zum Fenster. Sie blickte auf die schmale Mondsichel, die in den Raum spähte. Das Licht war nicht sonderlich hell, aber es erzeugte eine Menge lustiger Schatten. Zwei der Schatten sahen aus wie tanzende Nilpferde und drei von ihnen wirkten wie ein Clown auf einem Pferd. Einer von ihnen sah ein wenig aus wie …

Susie schloss die Augen. Sie hörte Samantha atmen. Sie fragte sich, ob ihre Schwester die Zeichnungen verstanden hatte. Samantha hatte nichts gesagt, bevor sie die Blätter unter die Bettdecke geschoben hatte. Warum hatte sie sie überhaupt dort versteckt?

Von der Veranda kam ein dumpfer Laut.

Jetzt schon?

Susie wollte noch nicht gehen. Sie hoffte, dass Samantha noch einen Blick auf die Zeichnungen werfen würde. Sie *musste* einfach herausfinden, was sie bedeuteten.

Dem dumpfen Laut folgte ein leises Quietschen – es kam von der schwingenden Verandaschaukel. Dann verwandelte sich der dumpfe Laut in die Schritte, die Susie so gut kannte. *Wumm! Tock! Wumm! Tock!*

Warum bekam sie bei diesem Geräusch eine Gänsehaut?

Und warum hatte sie das Gefühl, nachsehen zu müssen, was da draußen war?

Wie ferngesteuert schob Susie die Bettdecke zurück und stellte die Füße auf den Boden, als würde sie irgendetwas aus dem Bett herausziehen. Es fühlte sich an wie einer dieser Traktorstrahlen in den Weltraumfilmen, die ihr Vater immer gern angeschaut hatte. Am liebsten würde sie in dem schönen warmen Bett bleiben, aber sie konnte sich nicht wehren. Stattdessen ging sie aus dem Zimmer und stieg die Treppe hinunter.

Auf den untersten Stufen lauschte sie den Schritten, und sie beobachtete, wie ein großer Schatten am Esszimmerfenster vorbeiging. Kaum war er verschwunden, tappte sie in die Küche und öffnete die Hintertür.

Dann wartete sie.

Manchmal folgte Samantha ihr und schlug die Hintertür zu, und dann gingen sie wieder ins Bett. Heute Nacht aber nicht.

Heute Nacht konnte Susie nur dastehen … und lauschen, wie die Schritte näher und näher kamen. Im letzten Moment, gerade bevor die Schritte um die Ecke des Hauses kamen, schloss sie die Küchentür.

Sie versuchte wieder nach oben zu gehen, aber sie konnte nicht. Stattdessen trugen ihre Füße sie nach vorn zum Eingangsbereich.

Das Haus hatte einen wirklich großen Eingangsbereich, einen „offiziellen" Eingangsbereich, wie ihre Mutter es immer nannte. Sie hatte Susie erzählt, dass früher in der Mitte dieses Bereichs ein runder Tisch gestanden hatte. Den Tisch wiederum hatte immer eine Vase mit frischen Blumen aus dem Garten geschmückt, doch Susies Mutter hatte den Tisch weggeräumt, als Susie begonnen hatte, wild durchs Haus zu toben, wobei sie immer wieder gegen den Tisch gestoßen war und die Vase umgeworfen hatte.

„Sieben Vasen hat sie zerbrochen, bevor ich aufgegeben habe", erzählte Susies Mutter gern den Leuten. Es klang nie wütend. Aus irgendeinem Grund schien es sie glücklich zu machen.

In dem großen Eingangsbereich lag jetzt nur noch ein kastanienbrauner und marineblauer geflochtener Teppich. Susie stellte sich in die Mitte des Teppichs und wartete.

Als der Schatten draußen sich langsam der Haustür näherte, trat Susie einen Schritt vor und öffnete.

Wie Susie es erwartet hatte, stand Chica groß und steif vor der Tür. Das Licht auf der Veranda umspielte Chicas gelben Körper und ließ es so aussehen, als würde die animatronische Figur atmen. Susie blickte zu Chicas violetten Augen auf. Hatten sich ihre mächtigen schwarzen Augenbrauen gerade bewegt?

Schnell senkte Susie den Blick. Chicas orangefarbenen Füße standen auf der Fußmatte, auf der WILLKOMMEN zu lesen war – ein Fuß auf dem W und einer auf dem E. Wie immer zögerte Susie. Aber dann tat sie, was sie tun musste. Sie streckte eine Hand aus und ließ es zu, dass Chica sie mit ihren kalten Fingern umfasste.

Chica drehte sich um und ging die Stufen hinunter, die in den laubbedeckten Vorgarten führten. Susie hatte keine andere Wahl, als mitzugehen, und bald vermischte sich das Geräusch ihrer kleinen Schritte mit denen von Chica. Verwelkte Blätter knirschten unter ihren Füßen, als sie Susies Haus hinter sich ließen.

* * *

Samantha lauschte in die Stille, um sicher zu sein, dass ihre Mutter auch in ihrem Zimmer war. Sie musste genau hinhören. Schließlich hörte sie doch ein vertrautes Knarren, das vom Bett ihrer Mutter kam. Sie wartete noch ein paar Minuten, bevor sie unter ihrer Bettdecke die Taschenlampe einschaltete und nach den Zeichnungen griff.

Eigentlich hätte Samantha sie sich gar nicht ansehen müssen. Seit sie plötzlich aufgetaucht waren, hatte sie sie nicht mehr aus dem Kopf bekommen. Schnell hatte sie begriffen, dass das erste Bild Susie und sie zeigte. Aber was hatte es zu bedeuten?

Sie zog die Bettdecke zurecht und richtete ihre Taschenlampe auf die gezeichneten kleinen Mädchen.

Zuerst hatte Samantha gedacht, dass das Mädchen mit den fliegenden Haaren, es war Susie, einen Spiegel in der Hand hielt, doch sie erkannte schnell, dass es eine Lupe war. Sie sah aus wie die, die ihr Vater immer in einer Schreibtischschublade im Büro aufbewahrt hatte und die die Mädchen manchmal benutzen durften, um Dinge aus der Nähe zu betrachten.

Samantha hatte nie vergessen, wie Olivers Rinde so ganz aus der Nähe ausgesehen hatte. Es war, als würde man in eine andere Welt blicken. Susie konnte allen möglichen Dingen Namen geben, aber Samantha untersuchte sie lieber. Dafür benutzte sie die Lupe – um sich Dinge genau anzusehen. Susie hingegen jagte damit.

Nachdem Susie die Lupe benutzt hatte, um eine Raupe ganz aus der Nähe zu betrachten, beschloss sie, damit „klitzekleine" Insekten im Gras zu finden. Sie war sich sicher, dass es dort etwas zu entdecken gab, das noch nie zuvor jemand gesehen hatte. Als Samantha gerade mit der Lupe Olivers Rinde betrachtete, schnappte Susie sich das Vergrößerungsglas und richtete es auf einen anderen Teil des Stammes. „Vielleicht finden wir ein paar Elfen", sagte sie.

Okay, wenn Susie also eine Lupe in der Hand hielt, dann suchte sie etwas.

Aber was? Das schwebende Baby?

Nein, kein Baby. Das schwebende Ding war eine Puppe. Samantha runzelte die Stirn. Wenn Susie nach einer Puppe suchte, dann fehlte auch nur eine Puppe.

Es musste Gretchen sein. Also wollte Susie sie zurück.

Aber was war mit dem Huhn? Was sollte das sein? Samantha verstand nicht, was mit dem Huhn mit den Zähnen gemeint war.

Und was bedeutete die andere Zeichnung?

Samantha richtete den Lichtkegel ihrer Taschenlampe auf die zweite Zeichnung. Sie zeigte drei Kästen mit dem Mädchen mit den fliegenden Haaren, das in den ersten beiden Bildern von der Haustür wegging und im dritten nur die Tür allein, und die Monde, die in jedem Kasten ein bisschen größer wurden. Was hatte das zu bedeuten?

Wenn der zunehmende Mond nun hieß, dass es sich jedes Mal um einen anderen Tag handelte? Wie heute Abend, morgen Abend und übermorgen Abend? Samantha grübelte über all das nach.

Und dann begriff sie!

Als sie die Taschenlampe ausschaltete, dachte sie: *Susie wird nur noch drei Nächte hier sein.*

Sie war sich ziemlich sicher, dass sie richtig lag. Aber das Huhn … „Was soll das Huhn da?“, flüsterte sie.

Susie antwortete natürlich nicht. Weil sie fort war.

* * *

Noch bevor die Sonne aufging, klingelte Samanthas Wecker. Glücklicherweise hatte sie einen leichten Schlaf und sie hörte ihn sofort. Schnell schaltete sie ihn aus, damit ihre Mutter nicht gestört wurde. Ihre Mutter hatte Probleme beim Einschlafen, schlief sie aber erst einmal, fiel es ihr mindestens so schwer, wieder aufzuwachen. Samantha hatte mitbekommen, wie ihre Mutter Jeanie erzählt hatte, dass sie nur mit Schlaftabletten Ruhe finden konnte. Und die Tabletten machten es ihr dann schwer, am Morgen zurück in die Wirklichkeit zu finden. Samantha hatte gelernt, vor der Schule nicht mit ihrer Mutter zu sprechen.

Einmal hatte Samantha etwas für ein Schulprojekt vergessen. Sie waren ohnehin schon in Eile, weil ihre Mutter verschlafen hatte. Als sie endlich losfuhren, waren sie nur bis zum Ende der Einfahrt gekommen, als Samantha auffiel, dass sie in ihrem Zimmer etwas vergessen hatte.

„Ich muss noch mal zurück", sagte sie.

Ihre Mutter trat so stark auf die Bremse, dass Samanthas Kopf erst nach vorn und dann nach hinten schoss. Sie dachte, ihre Mutter würde schnell zurück zum Haus fahren. Stattdessen beugte sie sich vor und schlug mit dem Kopf mehrfach auf das Lenkrad. Und dabei flüsterte sie etwas wieder und wieder. Für Samantha klang es wie: „Ich kann das nicht."

Nun lag Samantha im Dunkeln und hielt minutenlang den Wecker in der Hand. Sie stand nicht gern früh auf. Susie war diejenige gewesen, die immer aus dem Bett gehüpft war und unbedingt anfangen wollte zu spielen, noch bevor die Sonne aufgegangen war. Susie war wie ihr Vater, der sagte, die beste Zeit sei kurz vor der Morgendämmerung, wenn noch alle Möglichkeiten des Tages vor einem lagen.

„Riechst du diese Luft?“, hatte er an den wenigen Morgen, an denen er sie hatte überreden können, früh aufzustehen, zu Samantha gesagt. „Sieh dir das rosa Licht an.“

„Das ist ja *so* hübsch!“, hatte Susie gequiekt.

Nicht hübsch genug, um dafür früh aufzustehen, dachte Samantha. Doch an diesem Morgen war es weder der Geruch der Luft noch die Farbe des Himmels, die Samantha aus dem Bett trieben. Es war das, was sie zu tun hatte. Es blieben ihr nur noch zwei Tage, um Gretchen zu finden.

Sie wusste nicht, was passieren würde, wenn sie Gretchen nicht fand. Sie verstand nicht, was eine verschwundene Puppe ihrer toten Schwester Susie bedeuten konnte. Susie war jetzt ein Geist … oder nicht? Warum sollte sich ein Geist für eine Puppe interessieren?

Aber das spielte keine Rolle. Susie wollte die Puppe haben, und nach dem, was ihr widerfahren war, hatte sie es verdient zu bekommen, was sie wollte.

Samantha warf die Bettdecke zurück.

Kalte Luft strich über ihre nackten Beine, und sie bekam eine Gänsehaut. Obwohl sie am liebsten sofort wieder unter die Decke gekrochen wäre, stand sie auf, schob ihre Füße in die ledernen Pantoffeln, die Jeanie ihr gekauft hatte (Samantha mochte keine zotteligen Tierpantoffeln wie Susie), griff sich die Sachen, die sie am Abend zurechtgelegt hatte, und schlich auf Zehenspitzen ins Bad.

Dankbar für den kleinen Heizstrahler, der auf einem Schemel neben der Badezimmertür stand, schaltete sie ihn ein und stellte sich ein paar Minuten davor, bis sie aufhörte zu frösteln. Dann machte sie sich kurz frisch, bevor sie sich anzog.

Nachdem sie begriffen hatte, was Susies Zeichnungen bedeuteten, hatte Samantha versucht, lange genug wachzubleiben, bis die Schlaftabletten ihrer Mutter wirkten und sie anfangen konnte, nach Gretchen zu suchen. Doch sie hörte ständig das Bett ihrer Mutter knarren, was bedeutete, dass ihre Mutter nicht sonderlich tief schlief. Samantha fielen dagegen langsam die Augen zu, also hatte sie sich für den Morgen den Wecker gestellt.

Als sie im Bad fertig war, schaltete Samantha den Strahler aus und öffnete die Tür. Sie trat hinaus in den Flur, und während sie auf dem dunkelgrünen geflochtenen Läufer stand, überlegte sie, wo Susie Gretchen wohl versteckt haben könnte.

Samantha warf einen Blick auf die geschlossene Tür von Susies Zimmer. Dann schüttelte sie den Kopf. Dort würde die Puppe nicht sein.

Als Samantha und Susie sich wegen Gretchen gestritten hatten, war Susie so wütend geworden, wie sie es selten war. Ganz bestimmt hatte sie die Puppe nicht in ihrem Zimmer versteckt, wo Samantha sie leicht hätte finden können. Und selbst wenn sie da drin war, wäre das der letzte Ort, an dem Samantha suchen würde. Seit jener schrecklichen Nacht war Samantha nicht mehr in Susies Zimmer gewesen.

Samantha ging den Flur entlang zur Treppe. Sie musste ganz systematisch nach der Puppe suchen. Deswegen erschien es ihr sinnvoll, im Erdgeschoss zu beginnen und sich dann langsam nach oben zu arbeiten. Außerdem war unten das Risiko gering, dass sie ihre Mutter wecken würde.

Das gelbe Licht der Verandalampe drang durch die Bleiglasfenster der Eingangstür und reichte sogar noch die Treppe hinauf. Es war gesprenkelt und irgendwie unheimlich.

„Wie kann Glas aus Blei sein?“, hatte Susie gefragt, als ihr Vater ihnen erzählte, wie man das Glas in der Tür rahmte.

Samantha lächelte nun, während sie die Treppe hinunterstieg. Susie hatte immer solche Fragen gestellt. Samantha war sich nie sicher gewesen, ob Susie lustig oder einfach dumm war.

Am Fuß der Treppe blickte Samantha in beide Richtungen. Sie konnte nun entweder ins Esszimmer gehen oder ins Wohnzimmer. Außer der Küche gab es sonst im Erdgeschoss nur noch ein kleines Badezimmer und das Büro ihres Vaters. Sie bezweifelte, dass sich die Puppe in einem davon befand, weil es dort keine guten Verstecke gab.

Also begann sie im Esszimmer.

Das Esszimmer war mindestens doppelt so groß wie alle Esszimmer, die Samantha je im Fernsehen gesehen hatte. Mit den Esszimmern anderer Leute konnte sie es nicht wirklich vergleichen, weil sie nie welche gesehen hatte, denn sie hatte keine Freunde. Als Susie noch lebte, wurde

Samantha manchmal zu Partys eingeladen, zu denen Susie ging, aber nachdem sie es ein paarmal probiert hatte, ging sie nicht mehr mit. Diese Partys waren dumm und langweilig, die Kinder waren immer gemein zu ihr.

Samantha rieb sich über die Stirn, um die schlechten Erinnerungen fortzuwischen. Dann schaltete sie das Licht über dem Esstisch ein. Die Lampe ähnelte einem großen metallenen Rad mit künstlichen Kerzen. Jeanie hatte gesagt, die Lampe sei im Farmhausstil gehalten, was irgendwie stimmte.

Samantha ging zu dem hohen geschnitzten Schrank, der auf einer Seite des Esszimmers stand. Sie öffnete die unteren Türen. Der Schrank war voller Porzellan und Kristallglas – Geschirr und Gläser, die ihre Familie niemals benutzte. Sie spähte hinter die Tellerstapel und Schüsseln.

Kein Gretchen.

Sie ging zu dem langen niedrigen Schrank im hinteren Bereich des Raums – der „Anrichte", wie Jeanie ihn nannte –, öffnete alle Fächer und Schubladen und fand jede Menge Servierplatten und Vasen. Aber kein Gretchen.

Als Nächstes öffnete sie den Deckel der Holzbank am Fenster. Sie war mit Tischtüchern und Servietten gefüllt. Nur um ganz sicher zu sein, wühlte sie sich durch die Stapel. Doch auch hier war keine Puppe.

Nun ging Samantha ins Wohnzimmer. Draußen auf der Straße hörte sie das Dröhnen und Klappern des Müllwagens, der die Tonnen vor den Häusern leerte. Sie biss sich auf die Unterlippe. Würde das Müllauto ihre Mutter wecken?

Es war besser, wenn sie sich beeilte.

Das Wohnzimmer war groß und mit gemütlichen Möbeln vollgestellt. Es war schade, dass sie es kaum benutzten.

Sehnsüchtig blickte Samantha auf das lange karierte Sofa, das an einem Ende des Raums vor dem steinernen Kamin stand. Zwei massive bordeauxfarbene Sessel bildeten mit dem Sofa ein U. Hier spielte die Familie gern am Feuer.

Am anderen Ende des Wohnzimmers befand sich ein weiteres großes Sofa, und vor einem Flachbildfernseher standen ein paar Sessel, die man in eine Liegeposition schwenken konnte. Manchmal erlaubte ihre Mutter Samantha, diesen Fernseher zu benutzen, aber die meiste Zeit sollte sie sich ihre Sendungen auf dem Computer in ihrem Zimmer ansehen.

In den Ecken des Raums waren Bücherregale aus Eiche eingebaut. Samantha erinnerte sich noch genau, wieso ihr diese Regale und einige der anderen Möbel gefallen hatten.

„Eiche?!“, hatte Susie eines Tages gesagt, als sie etwa sechs gewesen war. „Eiche, wie Oliver?“

„Möbel werden aus Holz gemacht“, hatte ihr Vater erwidert, „und Holz kommt von Bäumen. „

„Also werden Bäume getötet, um Möbel herzustellen?“, quiekte Susie.

Ihre Eltern hatten fast eine Stunde damit verbracht, sie zu überzeugen, dass Bäume keinen Schmerz empfinden, wenn sie gefällt werden. Wirklich gelang es ihnen nie. Susie war sich sicher, dass die Bäume litten.

Samantha machte sich daran, alle Schränke zu durchsuchen. Sie begann in der vorderen Ecke und arbeitete sich im Uhrzeigersinn weiter. Als sie nichts fand, suchte sie auch noch hinter allen Büchern. Doch sie erreichte nur die unteren drei Reihen.

Schließlich tappte sie in den Hauswirtschaftsraum und holte die Trittleiter, die dort aufbewahrt wurde. Und entgegen ihrem ursprünglichen Plan durchsuchte sie bei der Gelegenheit auch gleich diesen Raum. Sie fand eindeutige Hinweise darauf, dass noch jemand anderes außer ihr Süßigkeiten versteckt hatte: eine alte, ausgehärtete Tüte Marshmallows, zwei halb aufgegessene Packungen Schokokekse, eine ungeöffnete Schachtel mit Donuts, aber einem Haltbarkeitsdatum, das ein Jahr zurücklag, und eine Metalldose mit harten Karamellbonbons, die alle zusammenklebten. Doch Gretchen fand sie nicht.

Sie nahm die Trittleiter mit ins Wohnzimmer und kletterte vierzehn Mal hinauf und hinunter, um hinter alle Bücher und Bilder zu schauen. Außer einer Menge Staub, was sie traurig machte, weil ihre Mutter immer wollte, dass das Haus „blitzblank“ war, entdeckte sie nichts. Sie wusste noch, wie das Haus früher immer nach Zitrone gerochen hatte, weil ihre Mutter beim Staubwischen ein Spray benutzt hatte. Jetzt roch alles nur noch nach Staub.

Als sie alle denkbaren Verstecke im Wohnzimmer abgeklappert hatte, betrachtete Samantha die große hölzerne Standuhr im hinteren Flur. Es wurde bald Zeit, sich für die Schule fertigzumachen, und sie musste ihre Mutter wecken.

Bevor sie die Trittleiter zurück in den Hauswirtschaftsraum schleppte, steckte sie ihren Kopf noch kurz ins Büro. Als Versteck würde sich dort nur der leere Schreibtisch ihres Vaters eignen. Schnell betrat sie den Raum, öffnete alle Schubladen und schaute in jedes Fach.

Nichts.

Im ganzen Raum befand sich nichts – außer dem Schreibtisch und den leeren Regalen. Das Einzige, was Samantha noch sah, als sie aus dem Zimmer eilte, war ein lustiges kleines Stück Teppich, dass unter der Vorderkante von einem der Regale steckte.

Samantha riskierte es, noch schnell die Küche zu durchsuchen, bevor sie ihre Mutter weckte. Sie öffnete einen Schrank und eine Schublade nach der anderen, tastete hinter Geschirr, Töpfen und Pfannen, Plastikbehältern, Körben und anderen Utensilien herum.

Doch auch dort war Gretchen nicht zu finden.

* * *

Als Samantha an diesem Tag nach der Schule in den Minivan stieg, spürte sie sofort Susies Anwesenheit. Wie machte Susie das? Samantha war sicher, dass Susie an diesem Morgen nicht da gewesen war, und sie wusste genau, dass Susie auch nie in der Schule auftauchte.

Samantha ignorierte die aufdringliche Anwesenheit ihrer Schwester und starrte auf den Hinterkopf ihrer Mutter, auf ihr unordentliches Haar. Wusste ihre Mutter, dass Susie hier war?

Samantha überlegte kurz, ob sie sie fragen sollte.

Vielleicht lieber nicht, während ihre Mutter fuhr.

Als ihre Mutter in die Einfahrt einbog, drehte sich Samantha um und starrte Oliver an, fast so, als würde jemand sie dazu zwingen. Normalerweise ignorierte sie Oliver. Zwang Susie sie dazu, ihn anzusehen? Und wenn ja, wie machte sie das?

Oliver trug nur noch ein paar Blätter. Vielleicht würde sie vor dem Essen noch einmal hinausgehen und sie zählen. Nein. Sie musste weiter nach Gretchen suchen.

„Rote Bohnen mit Würstchen zum Abendessen?“, fragte ihre Mutter.

Eine Art Welle durchflutete Samantha. Die Welle war dunkel und irgendwie ölig. Sie wollte an Samantha kleben bleiben, so wie die Traurigkeit an ihr geklebt hatte, seit Susie weg war.

Sie glaubte, die Welle sei ein Gefühl. Aber gehörte es zu ihr oder zu Susie?

Susie liebte rote Bohnen mit Würstchen. War sie traurig, dass sie keine essen konnte? Gab es dort, wo sie nach ihrem Tod hingegangen war, überhaupt etwas zu essen? Sie glaubte nicht.

„Rote Bohnen und Würstchen sind okay“, sagte Samantha. „Kannst du auch Ananas dazu machen?“

Vor ihrem geistigen Auge sah Samantha, wie Susie angewidert das Gesicht verzog. Hatte Susie ihr dieses Bild eingegeben? Samantha hatte schon immer Ananas mit roten Bohnen gemocht, und Susie fand das einfach nur eklig.

Ihre Mutter schenkte Samantha ein kleines Lächeln. „Aber klar."

* * *

Susie folgte Samantha, während die auf der Suche nach Gretchen von einem Zimmer ins nächste eilte. Seit sie nach Hause gekommen waren, hatte Samantha nach Gretchen gesucht. Susies Zeichnungen hatten also funktioniert!

Doch leider war Samantha nicht erfolgreich. Das lag zum Teil daran, dass sie an blöden Stellen suchte.

Zum Beispiel hatte Samantha Gretchen in dem Loch zwischen Olivers Wurzeln gesucht. Sie hatte mit ihrer Taschenlampe in den Hohlraum geleuchtet und etwas von Elfen gemurmelt. Susie hatte die ganze Zeit gelacht. Offenbar hatte Samantha ihr geglaubt, als sie ihr etwas von Elfen erzählt hatte.

Jetzt waren sie wieder im Haus. Das Plätschern von fließendem Wasser und das Klirren von Töpfen und Besteck machten deutlich, dass ihre Mutter noch in der Küche war. Samantha versuchte die obere Etage zu durchsuchen, bevor ihre Mutter mit dem Abendessen fertig war.

Sie begann mit dem Atelier ihrer Mutter.

„Da hätte ich Gretchen nie versteckt", sagte Susie zu Samantha, als die das Atelier betrat. Samantha schenkte Susie keinerlei Beachtung, was aber auch keine Überraschung war. Samantha war eben einfach nur stur.

Warum konnte Susie sich bloß nicht daran erinnern, wo sie die Puppe hingetan hatte?

Sie wusste noch, wo sie sie beim ersten Mal versteckt hatte. Zuerst hatte sie Gretchen unter ihrem Bett verborgen, das wusste sie noch, aber das war kein sehr originelles Versteck gewesen. Ein paar Stunden später hatte sie sich dann ein anderes Versteck gesucht. Aber wo nur?

Susie stand in der Tür, während Samantha die Stoffstapel auf den blassgelben Regalen durchsuchte, in den Garnknäueln wühlte, die sich in riesigen Weidenkörben unter den Fenstern stapelten, und zwischen der Wolle in Behältern aus Segeltuch, die neben dem Webstuhl ihrer Mutter standen. Susie fand das alles sehr mutig, denn eine der Hausregeln hieß, dass das Atelier für die Kinder tabu war. Samantha öffnete sogar die Tür zum Lagerraum am anderen Ende des Ateliers. Als sie hineinging, um auch dort zu suchen, folgte Susie ihr nicht.

Susie liebte es, herumzuspielen und einfach albern zu sein, aber sie war nicht leichtsinnig. In dem Lagerraum befanden sich die fertigen Arbeiten ihrer Mutter, die Sachen, die sie verkaufte, um damit Geld zu verdienen. Man durfte sie nicht anfassen. Einmal, als Susie fünf Jahre alt gewesen war, hatte ihre Mutter einen der „Wandteppiche“ auf dem Esszimmertisch liegen lassen, weil jemand vorbeikommen wollte, um ihn abzuholen. Neugierig war Susie auf einen Stuhl geklettert und hatte sich den Wandteppich angesehen.

Er war mit flauschigen Tupfen aus weichem Stoff bedeckt, der sie geradezu entzückte. Sie hatte ihn einfach anfassen *müssen*. Leider dachte sie nicht daran, dass sie gerade Schokoladenkekse gegessen hatte und so verteilte

Susie klebrige Fingerabdrücke überall auf den pfirsichfarbenen Tupfen. Als sie die Schokoladenflecken bemerkte, versuchte sie, sie wegzuwischen, was aber alles nur noch schlimmer machte.

Susie kamen die Tränen und sie wollte aus dem Zimmer fliehen. In ihrer Eile stieß sie einen Stuhl um und fiel hin. Beim Versuch, sich abzustützen, griff sie nach dem Wandteppich und schlug trotzdem mit dem Kopf auf den Tisch. Sie schrie auf. Als ihre Mutter ins Zimmer gestürzt kam, lag Susie mit dem schokoladenverschmierten Wandteppich in einer Hand auf dem Boden und blutete aus einer Wunde an der Stirn. Das Blut tropfte auf den Stoff.

Ihre Mutter war unglaublich wütend gewesen. Susie hatte sich richtig gefürchtet. Und danach war sie nie wieder in die Nähe der Arbeiten ihrer Mutter gegangen.

Auch im Atelier ihrer Mutter war Gretchen nicht. Aber Susie konnte nur warten, bis Samantha das selbst herausfand.

Als Samantha zu dem gleichen Schluss gekommen war, ging sie zum Schlafzimmer ihrer Mutter. Sie blieb kurz im Flur stehen, um zu lauschen. Doch Geräusche aus der Küche ermutigten sie, auch in diesem Zimmer zu suchen.

„Da ist Gretchen nicht drin“, sagte Susie, als Samantha auf die Knie ging, um unter das Bett ihrer Mutter zu schauen. Die blaue Tagesdecke umhüllte Samanthas Kopf.

Samantha stand wieder auf, lauschte noch einmal mit schief gelegtem Kopf, und näherte sich dann dem Schrank ihrer Mutter. Sie schob die hängende Kleidung beiseite und öffnete Schuhkartons.

„Meinst du nicht, Mama hätte Gretchen schon gefunden, wenn sie da drin wäre?“, fragte Susie.

Samantha antwortete nicht. Sie blickte zu den Regalen über der Kleiderstange hinauf. „Du würdest da einfach hochkrabbeln“, murmelte Samantha.

Susie lächelte. „Ja, das würde ich.“

Samantha drehte sich einmal im Kreis und runzelte die Stirn. Als sie die Bank entdeckte, die am Fußende des Bettes stand, zog Samantha sie zum Schrank.

Susie fühlte sich irgendwie schlecht, weil sie nur dastand und zusah. Und Samantha verschwendete ihre Zeit.

Inzwischen stand Samantha auf der Bank, doch selbst auf Zehenspitzen musste sie sich sehr anstrengen, um einen Blick auf die obersten Regale des Schranks werfen zu können.

Als sie den Schrank schließlich ohne Ergebnis durchsucht hatte, ging sie zur Kommode ihrer Mutter. Susie nagte an ihrem Daumen. Sie war sich sicher, dass Samantha für das, was sie da tat, eine Menge Ärger bekommen würde. Samantha musste das eigentlich auch wissen, doch das hielt sie offenbar nicht ab. Samantha durchsuchte die gesamte Unterwäsche, die Strümpfe, Socken und Schals ihrer Mutter.

„Samantha!“

„Was?“, quiekte Samantha und knallte die letzte Kommodenschublade zu.

„In fünf Minuten ist das Essen fertig.“

„Okay!“

Schnell lief Samantha noch zum Nachttisch ihrer Mutter und durchsuchte ihn. Dann tat sie dasselbe mit dem ihres Vaters. Seiner war vollkommen leer. Der ihrer Mutter dagegen war vollgestopft mit Büchern, Stoffproben und Tabletten. Doch auch dort war Gretchen nicht versteckt.

„Ich habe es dir ja gesagt", meinte Susie, während sie Samantha aus dem Zimmer ihrer Mutter folgte. Sie wusste, dass sie ziemlich gehässig war, aber sie konnte nicht anders. In ihrem Kopf hörte sie schon fast einen Countdown ticken.

* * *

„Samantha hat in meinen Sachen herumgewühlt", berichtete Patricia Jeanie am Telefon.

Als sie entdeckt hatte, dass ihre Dinge durchsucht worden waren, hatte Patricia sich entschieden, ihre Freundin anzurufen, anstatt ihre Tochter anzuschreien.

„Welche Sachen?"

„Soweit ich das beurteilen kann, alle meine Sachen", erwiderte Patricia. Sie presste drei Finger an ihre Schläfe. „Eigentlich sollte Samantha wissen, dass das nicht geht."

„Genau. Deswegen muss sie einen ziemlich guten Grund dafür gehabt haben", sagte Jeanie.

„Was für einen Grund denn?"

„Ich weiß es nicht, aber ich weiß, dass sie einen gehabt haben muss. Ist irgendetwas weg oder kaputt?"

„Nicht, dass ich wüsste."

„Dann lass es auf sich beruhen."

„Aber …“

„Im Ernst, Patricia. Es ist an der Zeit, dass du das alles loslässt.“

* * *

Chica kam um Mitternacht. Wie immer spürte Susie, wie sie aus Samanthas Bett gezogen wurde. Wie immer fühlte sie sich gezwungen, im Haus herumzuwandern und zu beobachten, wie Chica draußen ihre Kreise zog. Wie immer öffnete sie die Hintertür, schloss sie dann wieder und ging zur Vorderseite.

Wie immer fragte sie sich, warum sie das tun musste. Warum musste sie ihre Familie verlassen?

Susie öffnete die Eingangstür, und eine nächtliche Brise wehte ein paar von Olivers Blättern an Chicas Füßen vorbei ins Haus. Die Nacht war heller als an den vergangenen Tagen, weil der Mond voller war. Auch die Wolken hatten sich verzogen. Die Sterne standen so dicht am Himmel, dass sie Susie an den Puderzucker erinnerten, mit dem ihre Mutter zur Weihnachtszeit die Schokoladenkekse bestreute. An manchen Stellen verschmolzen die Sterne zu einem strahlend weißen Licht.

Susie erwartete, dass Chica ihre Hand nehmen würde, wie sie es immer tat. Doch stattdessen hob Chica eine Hand und schob Susie zur Seite. Dann ging Chica ins Haus.

* * *

Ein Albtraum ließ Samantha aufschrecken. Mit weit aufgerissenen Augen umklammerte sie ihre Decke und hörte, wie ihr Herz hämmerte.

Es war nur ein Traum, sagte sie sich. Und allmählich beruhigte sich ihr Puls.

Doch plötzlich schlug ihr Herz wieder schneller, und Samantha setzte sich auf.

Es war nicht nur ein Traum!

„Chica", flüsterte sie.

In ihrem Traum hatte sie gerade mehr über das Huhn in Susies Zeichnungen erfahren. Das Huhn war Chica. Im Traum hatte Chica Samantha gejagt. Samantha hatte versucht, ein Regal im Büro ihres Vaters zu verschieben, und Chica hatte ihr aufgelauert.

Samantha keuchte.

Das Büro ihres Vaters.

Dort war also …

Samantha erstarrte, als sie Geräusche hörte.

Wumm! Tock! Wumm! Tock!

Sie begann zu zittern. Das waren genau *die* Geräusche. Die gleichen Geräusche. In den letzten Monaten hatte Samantha sie schon so oft gehört, die Geräusche, die sie sich so gerne nur eingebildet hätte.

Doch sie waren real.

Genau diese Geräusche. Doch sie klangen etwas anders.

Sie klangen näher.

Viel näher.

Samantha hatte immer gedacht, dass die Geräusche, die

sie hörte, von außerhalb des Hauses kämen. Jetzt wusste sie, sie waren im Haus, und sie kamen näher.

* * *

Als Chica die Treppe hinaufstieg, versuchte Susie ihr zu folgen. Aber sie konnte nicht. Es fühlte sich an, als würde sie an der Türöffnung festhängen, gefangen von unsichtbaren Ketten.

„Chica, bleib stehen!“, schrie sie.

Doch Chica blieb nicht stehen. Langsam, Schritt für Schritt, stieg sie die Treppe hinauf.

Sie hatte es auf Samantha abgesehen. Da war sich Susie sicher. Susie kämpfte mit aller Kraft, um sich zu befreien, doch es gelang ihr nicht. Dann begann sie zu weinen und sie tat das Einzige, was sie tun konnte, um ihrer Schwester zu helfen.

„Samantha!“, schrie sie. „Lauf weg!“

* * *

Samantha sprang aus dem Bett und rannte zur Tür. Konnte sie bis ins Zimmer ihrer Mutter gelangen, bevor das, was da auch immer die Treppe hochkam, sie erreichte?

Sie öffnete die Tür einen Spalt und spähte zur Treppe. Nein. Es war zu spät. Ein leuchtend gelbes, mannshohes Huhn mit schrecklich scharfen Zähnen stand auf der vorletzten obersten Stufe, nur ein paar Meter von Samanthas Tür entfernt.

Samantha knallte die Tür zu und blickte sich hektisch in ihrem Zimmer um. Als die Schritte näher kamen, kroch sie schnell unter das Bett.

Im nächsten Augenblick wurde langsam die Tür geöffnet. Samantha erstarrte und hielt den Atem an, als orangefarbene Metallfüße über den Holzboden klackten.

Das konnte nicht real sein.

Und doch war es das.

Zitternd beobachtete Samantha, wie die Füße um ihr Bett tappten. Sie konnte nicht länger die Luft anhalten, also atmete sie vorsichtig ein wenig aus.

Die Füße blieben stehen.

Sie drehten.

Dann kamen sie um das Bett herum zurück. Und blieben erneut stehen.

Samantha hörte ein furchteinflößendes Surren, und plötzlich verschob sich die Bettdecke, die über die Seite des Betts nach unten hing. Ein gelbes Gesicht mit violetten Augen und tödlichen Zähnen starrte Samantha an.

Samantha wandte sich ab und rutschte auf die andere Seite des Bettes. Dann kroch sie heraus und warf einen Blick über die Schulter. Sie fragte sich, ob sie es bis zur Tür und hinaus schaffen würde, bevor das Huhn sich wieder aufrichtete …

Nein. Es stand bereits und starrte sie an.

Samantha stürzte zum Fenster. Sie versuchte, nicht auf die Schritte zu hören, während sie versuchte, das Fenster aufzubekommen.

Wumm! Tock! Wumm! Tock!

Ein Zittern wie von Schmetterlingsflügeln überlief ihren Rücken. Sie ignorierte es.

Die Schritte wurden gedämpft, als das Huhn über den Teppich ging. Es blieben nur noch Sekunden.

Samantha kroch durch das Fenster, griff nach den Rauten des Spaliers und zog ihre Beine nach. Als sie Stoff reißen hörte, warf sie einen Blick zurück durch das Fenster.

Da stand das Huhn! Es hielt ein Stück ihres zartblauen Nachthemds in der Hand.

Samantha wimmerte, dann kletterte sie das Spalier hinunter. Den Blick fest auf die Pflanze gerichtet, die sich am Spalier emporgerankt hatte, stieg sie so schnell es ging hinunter. Sie hatte nur Strümpfe an den Füßen und spürte daher das raue Holz, aber das war ihr egal.

Sie blickte auch nicht nach oben. Sie wollte nicht wissen, ob das Huhn ihr folgte.

Als sie mit den Füßen eine raue, harte Oberfläche berührte, wusste sie, dass sie das Dach der Veranda erreicht hatte. Erst jetzt warf sie einen Blick nach oben.

Niemand folgte ihr. Gut.

So gut aber auch wieder nicht. Wenn sie nämlich nicht schnell genug war, würde Chica durch das Haus nach unten laufen und sie zu fassen bekommen, wenn sie hinunter auf die Veranda kletterte.

Chica.

Samanthas Verstand hatte sie schließlich dazu gezwungen zu begreifen, was sie nicht hatte erkennen wollen. Das Huhn im Haus war Chica.

In ihrer Zeichnung hatte Susie versucht ihr mitzuteilen, dass Chica nicht wollte, dass Susie Gretchen bekam.

Aber warum?

Samantha wusste es nicht. Aber sie wusste, dass sie recht hatte. Chica war hinter ihr her, weil sie sich auf die Suche nach Gretchen gemacht hatte.

Samantha biss die Zähne zusammen, als sie sich über den Rand des Verandadachs beugte, um einen der Pfosten zu greifen. Würde sie daran heruntersteigen können?

Sie musste es tun.

Für Susie.

Samantha wollte einfach hinunterklettern und zurück ins Haus gehen. Dann wollte sie Gretchen finden … denn dank ihres Traums wusste sie nun, wo sie suchen musste.

Aber konnte sie vor Chica dort ankommen?

* * *

Susie wusste nicht, wie lange sie an der Tür gefangen gewesen war und Chicas Schritten im ersten Stock gelauscht hatte. Sie hörte auch noch andere Geräusche, aber Samantha schrie nicht. Susie hoffte, dass das ein gutes Zeichen war, aber sicher war sie sich nicht.

Sie dachte, sie würde für immer dort in der Tür festhängen. Die Zeit schien unendlich weiterzulaufen.

Dann sah sie Chica am oberen Ende der Treppe. Sie kam wieder herunter. Doch Samantha hatte sie nicht bei sich.

Wenn sie sich hätte bewegen können, wäre Susie vor Erleichterung auf den Boden gesunken. Stattdessen konnte sie nur zusehen, wie Chica die Treppe herunterstieg.

Dann tauchte Samantha plötzlich draußen auf!

Mit bleichem Gesicht und aufgerissenen Augen, die Haare zerzaust, eilte Samantha an Susie vorbei.

Samantha hatte den Kopf gesenkt und starrte auf ihre Füße. Sie bemerkte Susie nicht. Sie schaute nicht einmal die Treppe hinauf zu Chica.

Susie beobachtete, wie Samantha ins Esszimmer stürmte und von dort in Richtung Küche verschwand.

Wo wollte ihre Schwester hin?

* * *

Samantha hatte keine Ahnung, warum ihr das nicht schon früher eingefallen war. Vielleicht lag es daran, dass sie ihren Vater eigentlich vergessen wollte, obwohl sie ständig an ihn dachte. Es war schlimm genug, dass Susie nicht mehr bei ihnen war. Zumindest hatte Susie sie nicht absichtlich verlassen. Sie war entführt und dann ermordet worden. *Das*, dachte Samantha, *ist eine ziemlich gute Ausrede, um die Familie zu verlassen.*

Ihr Vater allerdings hätte nicht gehen müssen. Er war gegangen, weil alles für ihn „zu schwer" war. Genau das hatte er gesagt. „Es ist zu schwer."

„Aber gerade deshalb brauchen wir dich, Papa", hatte sie zu ihm gesagt. Doch er hatte nur die Lippen zusammengepresst – eine Mimik, die sie von ihm hatte – und gesagt, er müsse gehen.

Deshalb war Samantha jetzt auf sich allein gestellt. Ihr Vater war weg. Ihre Mutter hatte sich betäubt und schlief. Ihre Schwester war tot. Wenn Samantha überleben wollte, würde sie sich selbst retten müssen.

Obwohl Samantha keinen Blick die Treppe hinaufwarf, wusste sie, dass Chica dort war. Deshalb rannte sie in Richtung Küche.

Sie wusste nicht, wie schlau Chica war, aber sie ging davon aus, dass es einen Versuch wert war, sie zu täuschen. Sie wollte, dass Chica ihr in die Küche folgte und dort nach ihr suchte. Wenn das klappte, würde es ihr genug Zeit geben.

Als sie die Küche erreichte, schaltete Samantha das Licht ein. Dann lief sie durch den Hintereingang der Küche hinaus und rannte durch den Verbindungsflur zum Büro ihres Vaters.

Dort angekommen ließ sie das Licht aus. Sie wusste, wo sie suchen musste.

Sie lief zu dem Regal mit dem kleinen Teppichstück. In Brusthöhe packte sie das Regal und zerrte daran. Es bewegte sich nicht. Sie beugte sich vor und zerrte an dem darunterliegenden Brett. Wieder keine Bewegung. Sie probierte eins darüber. Ohne Erfolg. Sie stellte sich auf die Zehenspitzen und zog am höchsten Regal. Immer noch nichts.

Das muss es sein! In ihrem Frust trat sie direkt neben dem kleinen Teppichstück gegen das Regal. Da schwang es auf einmal in den Raum. Susie hatte recht gehabt. Hinter dem Regal befand sich ein verborgener Raum.

Samantha wartete nicht, bis sich die geheime Tür ganz geöffnet hatte. Dann trat sie durch die Öffnung und tastete nach einem Lichtschalter. Sie fand direkt einen an der Wand. Sie legte den Schalter um, hielt inne und lauschte.

In der Küche konnte sie Chicas Schritte hören. Das war gut. Ihr Plan hatte funktioniert.

Nun sah sie sich um. Der Raum war mit allen möglichen bizarren Dingen gefüllt – getrockneten Blättern, Steinen, Glasscherben, altem Spielzeug, Stapeln von Papier und Büchern. Samantha wusste nicht, ob sie Susies Schätze vor sich hatte oder die ihres Vaters. Es spielte auch keine Rolle. Wichtig war nur, dass Gretchen, deren lockiges Haar voller Staub war, deren gepunktetes Kleid aber so hell leuchtete wie an dem Tag, an dem sie verschwunden war, auf einem der schiefen Büchertürme saß.

Samantha schnappte sich die Puppe und lief zurück durch das Büro ihres Vaters. Als sie den Türrahmen erreichte, blickte sie nach rechts. Chica kam den Flur entlang. Sie war nur noch ein paar Meter entfernt.

Samantha floh durch das Wohnzimmer und durch die Vordertür nach draußen. Keuchend blickte sie hinaus in den Garten.

Natürlich war er leer. Sie wusste, wo Susie war, und sie wusste, wo Chica war. Nur Oliver stand im Hof – Oliver und sein letztes blassgelbes Blatt. Samantha rannte zu ihm und versteckte sich hinter seinem mächtigen Stamm.

* * *

Susie beobachtete, wie Samantha sich hinter Oliver verbarg, dann drehte sie sich um und wartete darauf, dass Chica die Tür erreichte. Was würde Chica tun? Wie könnte Susie Chica von Samantha fernhalten?

Doch es stellte sich heraus, dass Susie das gar nicht musste. Als Chica Susie erreichte, hielt das Huhn inne.

Chica streckte eine Hand aus. Susie griff danach, obwohl es eigentlich das Letzte war, was sie tun wollte. Sie spürte, wie das Metall der animatronischen Figur ihre Fingerspitzen berührte.

„Aber ich bin noch nicht so weit!", sagte Susie zu Chica.

Chica blickte auf sie hinab, und ihre spitzen Zähne schimmerten im Mondlicht. Susie wich zurück. Doch Chica griff fest nach Susies Hand, und Susie konnte sich nicht befreien. Als Chica sich umdrehte, spürte Susie, wie sie aus ihrem Haus gezerrt wurde. Sie wusste, sie musste aufhören, sich zu wehren. Sie musste mitgehen.

Also gab sie ihren Widerstand auf und ging ganz ruhig neben Chica her.

* * *

Samantha beobachtete, wie Chica die Hand ihrer Schwester nahm, und sie sah, wie ihre Schwester und Chica die Veranda überquerten, die Stufen herunterkamen und auf Oliver zugingen. Samantha war total angespannt.

Was sollte sie tun?

Was *konnte* sie tun?

Noch bevor sie die Möglichkeit hatte, eine Entscheidung zu treffen, verschwanden Chica und Susie.

Ohne nachzudenken, schrie Samantha: „Wartet!“

* * *

Susie hörte den Schrei ihrer Schwester. Chica hielt nicht inne, aber Susie schon. So sehr Chica sie auch mitziehen wollte, der Sog, der Susie zurückhielt, war ebenso stark. Das Ergebnis war, dass Susie in keine Richtung mehr von der Stelle kam.

„Susie!“ Wehklagend stieß Samantha den Namen ihrer Schwester aus.

„Ich muss zurück“, erwiderte Susie. „Ich muss.“

Sie wartete und hielt den Atem an. Dann spürte sie, wie sich neben ihr etwas bewegte.

Chica ließ ihre Hand los.

* * *

Samantha trat hinter Oliver hervor und blieb neben ihm stehen. Gretchen baumelte von ihrer rechten Hand. Ihre Augen waren voller Tränen.

Sie war zu spät.

Nein. Was war das?

Die Blätter in der Nähe von Olivers Stamm wirbelten auf und dann von Oliver weg. Es war windig in dieser Nacht, aber der Wind drehte sich nicht im Kreis. Außerdem wehte er auf Oliver zu und nicht von ihm weg.

Samantha hob erneut den Blick zu seinem einzigen noch vorhandenen Blatt. Und da tauchte vor Oliver plötzlich Susie auf.

Sie sah genauso aus wie an dem Tag, an dem sie entführt worden war. Sie trug sogar die gleichen Sachen – ihren magentarot und rosa gestreiften Pullover und die Jeans, die Jeanie mit Strasssteinen beklebt hatte.

Samantha starrte ihre Schwester an. Dann hielt sie ihr Gretchen hin.

Susie öffnete den Mund, als wollte sie etwas sagen. Doch dann nahm sie einfach die pummelige Puppe und drückte sie an ihre Brust.

„Ich habe dich so vermisst", sagte Samantha.

Susie nickte. Sie breitete die Arme aus, und Samantha zögerte keinen Moment und umarmte ihre Schwester.

Susie fühlte sich genauso an wie zu Lebzeiten. Vielleicht sogar noch ein wenig fester. Samantha hatte nie großes Interesse an Umarmungen gehabt. Normalerweise umarmte sie Susie nur halb, wenn ihre Schwester auf einer Umarmung bestand. Doch jetzt umarmte sie Susie mit aller Kraft. „Ich liebe dich", flüsterte sie.

Sie spürte, wie eine Welle purer Emotionen sie überrollte, ganz ähnlich wie die, die sie im Auto gespürt hatte. Aber diese war nicht dunkel und ölig. Diese war leicht, und sie war frisch und warm. Samantha war sich ziemlich sicher, dass es eine Welle der Liebe war.

Susie ließ sie los, und Samantha wischte sich die Tränen fort, die ihr über die Wangen rannen. Susie lächelte, dann wandte sie sich Chica zu. Samantha sah, wie Chica die Hand ihrer Schwester nahm. Dann führte das animatronische Huhn Susie und Gretchen davon.

Sie verschwanden genau in dem Moment, als Oliver sein letztes Blatt fallen ließ.

„Leb wohl“, flüsterte Samantha.

Samantha spürte den Verlust. Doch sie spürte auch die Aussicht auf etwas Neues.

Susie ging, ja. Aber es war nicht das Ende. Samantha wusste, dass es ein neuer Anfang war. Wie das glückliche Gespenst in der Geschichte ging Susie nun an einen Ort, wo sie für immer bei ihrer Familie sein konnte.

ÜBER DIE AUTOREN

Scott Cawthon ist der Autor der Bestseller-Computerspielreihe *Five Nights at Freddy's*, und obwohl Game-Designer von Beruf, ist er im Herzen vor allem Geschichtenerzähler. Er hat am The Art Institute of Houston studiert und lebt mit seiner Frau und vier Söhnen in Texas.

Andrea Reins Waggener ist Autorin, Ghostwriterin, Essayistin, Drehbuchautorin, Werbetexterin, Redakteurin, Dichterin und stolzes Mitglied des Autorenteams von Kevin Anderson & Associates. In einer Vergangenheit, an die sie nicht mehr gerne zurückdenkt, war sie Schadenreguliererin, hat Katalogbestellungen bei JCPenney angenommen (bevor es Computer gab!), war Gerichtsschreiberin, Dozentin für das Schreiben juristischer Texte und Rechtsanwältin. Sie schreibt in ganz unterschiedlichen Genres, die sich von ihrem Chick-Lit-Roman „Alternate Beauty" über ihr Buch zur Hundeerziehung „Dog Parenting" und ihr Selbsthilfebuch „Healthy, Wealthy and Wise" bis hin zu Memoiren und anderen Ghostwriter-Projekten in den Bereichen Young Adult, Horror, Mystery und ganz allgemeine Romane erstrecken, wobei Andrea immer noch Zeit findet, den Regen zu beobachten und sich mit ihrem Hund und ihren Strick-, Kunst- und Musikprojekten zu beschäftigen. Mit ihrem Mann und besagtem Hund lebt sie an der Küste von Washington, und wenn sie nicht gerade zu Hause ist und etwas Neues erschafft, findet man sie beim Spaziergang am Strand.

Elley Cooper schreibt Romane für junge Erwachsene und Erwachsene. Horror hat sie schon immer geliebt und ist Scott Cawthon dankbar, dass sie Zeit in seinem dunklen und schrägen Universum verbringen durfte. Elley lebt mit ihrer Familie und vielen verwöhnten Haustieren in Tennessee und schreibt oft Bücher zusammen mit Kevin Anderson & Associates.

Kelly Para ist Autorin der YA-Romane „Graffiti Girl“, „Invisible Touch“ und weiterer übernatürlicher Kurzgeschichten. Neben ihrer Tätigkeit als Schriftstellerin arbeitet Kelly Para mit Kevin Anderson & Associates an einer Vielzahl von Projekten. Mit ihrem Mann und ihren zwei Kindern lebt sie in Kalifornien an der Küste.

Jake blickte an sich herab und versuchte, sich an die Tatsache zu gewöhnen, dass er nicht mehr viel mit dem *Selbst* zu tun hatte, das er vorher gewesen war. Als Letztes konnte er sich daran erinnern, ein kleiner Junge gewesen zu sein. Er war schon eine ganze Weile kein Junge mehr … doch wie lange, wusste er nicht …

Es war also nicht vollkommen seltsam, dass er nicht mehr im Körper eines kleinen Jungen steckte. Seltsam war allerdings, dass er in einem Ding steckte, das nicht lebendig war. Es war auch seltsam, dass er sich nicht genau erinnern konnte, wer er als kleiner Junge gewesen war. Er hatte noch vage Erinnerungsfetzen, aber die ergaben kaum einen Sinn. Zum Beispiel konnte er sich daran erinnern, dass er es lustig gefunden hätte, als Welpe oder kleines Kätzchen ins Leben zurückzukehren. Doch wie war er auf den Gedanken gekommen?

Nun steckte er also in diesem Metallding. Er hatte keine

Ahnung, was das war. Aber er wusste, dass er nicht allein war. Er teilte diese seltsame Umgebung.

Es war, als würde man in einem fremden Haus aufwachen.

„Hallo?", sagte Jake.

„Wer spricht da?", fragte eine Kinderstimme. Sie klang ein wenig nach einem Jungen, den Jake noch aus der Schule kannte, ein Junge, der immer dem Lehrer widersprochen hatte und ständig in Schwierigkeiten geriet.

„Oh, hi", sagte Jake. „Ich bin Jake. Wer bist du?"

„Was geht dich das an?"

„Äh ... ich wollte nur nett sein."

Jake erinnerte sich daran, dass man mit solchen Kindern am besten zurechtkam, indem man sie so taff sein ließ, wie sie es eben wollten.

„Tut mir leid. Ich bin Andrew." Die Stimme des Jungen war rau. Er klang nicht so, als würde er seinen Namen sagen. Es klang vielmehr wie eine Herausforderung.

„Hi Andrew", sagte Jake.

„Warum kann ich nichts sehen?", wollte Andrew wissen.

„Siehst du den Laster nicht?", fragte Jake.

„Wenn ich den Laster sehen könnte, glaubst du, ich würde dann sagen, dass ich nichts sehen kann?"

Jake fand, dass Andrew wütend klang. Sehr wütend.

„Tut mir leid", meinte Jake. „Äh ... ich glaube, wir befinden uns hinten in einem Müllwagen. Um uns herum ist jede Menge Müll."

„War klar", sagte Andrew.

„Wieso?", wollte Jake wissen.

„Passt zu meinem Leben.“

„Wie meinst du das?“

Andrew ignorierte die Frage. „Wie kommt es, dass du etwas sehen kannst und ich nicht?“ Er klang, als würde er gleich einen Wutanfall bekommen.

„Tut mir wirklich leid. Ich weiß es nicht“, erwiderte Jake. „Ich meine, ich weiß, dass wir in irgendeinem Metallding stecken. Keine Ahnung, irgendeine Art Wesen oder so. Ich kann sehen, was sich drumherum befindet, aber ich weiß nicht, wie ich hierhergekommen bin, und deswegen weiß ich auch nicht, wie du hierhergekommen bist. Und ganz sicher weiß ich nicht, warum ich etwas sehen kann und du nicht. Aber vielleicht kann ich dir helfen, etwas zu sehen. Weißt du, wie du hierhergekommen bist?“

Andrew schwieg eine Minute. Jake wartete.

„Es könnte irgendetwas mit dem Zeug zu tun haben, in dem ich gesteckt habe?“

„Was für ein Zeug?“, fragte Jake.

„Wieso sollte dich das etwas angehen?“, knurrte Andrew.

Jake seufzte. „Das tut es nicht. Ich dachte nur, es wäre nett, wenn wir Freunde wären, und Freunde sollten etwas übereinander wissen. Deswegen habe ich mich gefragt, was du wohl mit dem Zeug meinst.“

Der Laster kam zum Stehen, dann herrschte Stille.

„Ich habe seit langer Zeit keinen Freund mehr gehabt“, sagte Andrew. Er klang, als wolle er sich verteidigen, als würde Jake sich über ihn lustig machen.

„Das tut mir wirklich leid“, erwiderte Jake. Seine eigenen Erinnerungen waren chaotisch, aber er wusste noch, dass er Freunde gehabt hatte. „Das ist doof."

Jake wollte mehr erfahren, aber er ahnte, es würde nicht klug sein, weitere Fragen zu stellen.

Die Hecktür des Lasters wurde geöffnet und ein Mann im Overall begann, den Müll auszuladen. „Ich könnte dein Freund sein", sagte Jake.

„Warum solltest du mein Freund sein wollen?"

„Ich habe einfach gern Freunde", erwiderte Jake.

„Und wie machen wir das?"

„Was?"

„Freunde werden!" Andrew stieß ein verärgertes Schnaufen aus. „Meine Güte, bist du schwer von Begriff." Jake kam sich vor, als würde er gerade Kontakt mit einer neuen Spezies aufnehmen, wie in den Science-Fiction Filmen, die er früher wohl gerne gesehen hatte.

„Wir reden miteinander, erzählen uns Sachen und finden dadurch etwas übereinander heraus. Und dann werden wir Freunde", erklärte Jake. Er fand, dass die Erklärung es doch so ziemlich traf.

„Was denn für Sachen?", fragte Andrew.

„Was immer du willst." Jake wollte noch einmal fragen, was Andrew genau damit meinte, in irgendwelchem *Zeug* zu stecken, aber er wartete lieber.

Andrew schwieg ein paar Sekunden. „Warst du schon mal so wütend, dass es jeder erfahren sollte?"

Jake dachte nach und erinnerte sich an eine Zeit, in der er wirklich wütend gewesen war, weil er die Schule hatte verlassen müssen. Aber warum? Das spielte jetzt keine Rolle.

„Ich bin schon richtig wütend gewesen", sagte er, „aber ich glaube nicht, dass es mir wichtig war, dass jeder es weiß. Aber es gab jemanden, mit dem ich reden konnte. Und du?"

„Nein."

Jake war sich nicht sicher, was er jetzt sagen sollte, deswegen schwieg er.

„Hast du dich an demjenigen rächen wollen, auf den du wütend warst?", fragte Andrew.

„Ich glaube nicht, dass es ein Jemand war. Ich glaube, es lag daran, dass ich krank gewesen bin. Meine Erinnerungen sind irgendwie verwischt."

„Verwischt. Ja. Meine auch", sagte Andrew. „Aber ich weiß noch, dass ich mich an jemandem rächen wollte, der mir wehgetan hat. Ich glaube, ich habe mich ziemlich an ihn gebunden. Ich bin in seine Seele eingedrungen und habe dafür gesorgt, dass er nicht gehen konnte, als er hätte sterben sollen. Ich weiß genau, ich wollte, dass er leidet, so wie er mich hatte leiden lassen. Aber was er getan hat, weiß ich nicht mehr. Ich erinnere mich nur, dass ich durchgehalten habe, egal, was sie mit ihm gemacht haben, um ihn zu retten. Ich wollte einfach, dass er *leidet*!"

Irgendwann konnte Jake sich nicht mehr zurückhalten. Er platzte heraus: „Das ist ja schrecklich, dass du dich so schlecht gefühlt hast."

„Ach, halt die Klappe! Halt einfach die Klappe!", schrie Andrew. „Ich brauche dein dämliches Mitgefühl nicht!"

„Tut mir leid."

Mehrere Sekunden vergingen.

Dann hatte Andrew noch mehr zu sagen: „Ich erinnere mich noch, dass sie versucht haben, ihn zu töten. Aber ich wollte ihn nicht gehen lassen, bis ich so weit war. Ist schon komisch. Ich erinnere mich daran, unglaublich wütend und entschlossen gewesen zu sein, aber ich weiß nicht mehr warum."

Es schmerzte Jake, so viel Hass in seiner Nähe zu spüren. Doch er hätte sich nicht davon zurückgezogen, selbst wenn er es gekonnt hätte. Andrew brauchte ihn. „Bist du noch da?", fragte Andrew Jake.

„Ja. Ich hör dir zu. Du hattest mir gesagt, dass ich die Klappe halten soll."

Andrew lachte. „Ja, das habe ich."

Jake schwieg einen Moment. Dann sagte er: „Und wo ist derjenige jetzt? Der, auf den du wütend bist?"

„Ich bin mir nicht sicher. Ich weiß, dass ich in ihm war, als wir zu diesem riesigen Laden kamen, wo es jede Menge cooler Sachen gab. Ich kann mich nur noch daran erinnern, dass ich danach überall sein wollte. Ich erinnere mich, dass ich in allen möglichen Dingen dort gesteckt habe. Und ich erinnere mich an diesen animatronischen Hund. Fetch. Er ist bei einem Gewitter kaputtgegangen. Ziemlich scheiße das Teil. Nicht besonders sorgfältig gebaut." Andrew gab einen verächtlichen Laut von sich. Dann seufzte er. „Ich glaube, ich war irgendwie in Fetch. Ich glaube, so bin ich dahin gekommen. Ich weiß nicht, wieso ich das glaube. Ich glaube es einfach."

Jake sagte weiterhin nichts. Er beobachtete nur den Mann, der den Laster entlud.

„Du kannst jetzt sprechen“, sagte Andrew.

„Ich weiß nicht, was ich sagen soll“, erwiderte Jake. „Es tut mir leid, dass du so etwas Schlimmes durchgemacht hast.“

Der Mann griff nach dem Behältnis, in dem sich Jake und Andrew befanden. Jake hatte sich schon gefragt, was man gegen den Mann tun konnte. Er vermutete, es würde ihn erschrecken, wenn sie den Behälter bewegten. Und er hatte nun wirklich keine andere Wahl mehr. Er wollte nicht, dass der Mann Andrew und ihn einfach wegwarf.

Also bewegte sich Jake, was bedeutete, dass sich das Ding, in dem sie feststeckten, ebenfalls bewegte. Jake sah, wie der Mann sie panisch anstarrte. Er wollte ihn trösten und streckte die Hand aus, um sein Gesicht zu berühren.

Der Mann schrie und fasste sich an den Kopf. Dann brach er auf dem Kies hinter dem Lkw zusammen, und er begann zu verdorren, als sei er ein Schwamm, der von einer unsichtbaren Hand ausgewrungen wurde. Seine Augen fielen zurück in die Höhlen und verschwanden. Über die Wangen des Mannes rannen schwarze Bäche.

„Was ist da gerade passiert?“, rief Jake. Er sprang aus dem Laster und starrte auf den Leichnam des kahlköpfigen Mannes.

„Ich kann nichts sehen, du Blödmann“, fuhr Andrew ihn an. „Wovon redest du?“

„Ich wollte gerade das Gesicht eines Mannes berühren, und da ist er gestorben! Warum ist er gestorben?“ Jake merkte, dass er schrie, aber er konnte nicht anders.

„Warum fragst du mich das?“ Andrew schien sich wieder verteidigen zu wollen.

„Der andere Mann ist auch gestorben. Ich habe mich gerade wieder daran erinnert“, sagte Jake.

„Das liegt wahrscheinlich an mir“, sagte Andrew.

„Könnte es Fetch sein, der Hund?“, meinte Jake.

„Nein, ich wette, es liegt an mir.“

„Willst du denn Leute töten?“

„Nein!“

„Und warum …?“

„Ich will Leuten nur einen Schreck einjagen, okay? So wie man jemandem einen Stromschlag verpasst.“

„Der Stromschlag tötet sie aber!“

„Also das habe ich nicht gewollt.“

„Okay.“ Jake dachte einen Moment nach. „Wenn du also tust, was du eigentlich nicht tun willst, dann tust du vielleicht das, was jemand anders will. Vielleicht ist noch jemand hier bei uns.“

„In diesem Ding, meinst du?“

„Ja. Wie ein Anhalter oder wie ein Floh auf einem Hund.“

„Das ist doch dämlich“, meinte Andrew.

„Du bist auch als Anhalter in dem Mann gereist, den du getötet hast. Warum soll nicht jemand anders bei uns dabei sein?“

Andrew schwieg einen Moment, dann sagte er: „Es klingt einfach blöd.“

„Die Sache ist die“, sagte Jake, „wenn du es irgendwie getan hast, dann könnte das, was dich dazu veranlasst hat, mit allem zusammenhängen.“

„Ich habe sie infiziert. Jetzt erinnere ich mich."

„Was?"

„Ich habe alle angesteckt, auf die ich wütend war."

„Okay. Also alles, was du angesteckt hast, kann Menschen verletzen. Unschuldige Menschen."

„Hey, so bin ich nicht. Ich wollte nur den Bösen verletzen.

„Aber du hast gesagt, dass du Dinge mit deiner Wut infiziert hast. Glaubst du, das würde sie nicht verletzen?"

„Halt die Klappe."

„Gut, ich halte die Klappe. Aber wir werden uns auf den Weg machen und all das Zeug, das du infiziert hast, finden."

„Wie willst du das machen?"

„Du willst mir nicht helfen?"

„Warum sollte ich das?

Jake dachte einen Moment nach, dann versuchte er etwas. Er war sich nicht sicher, ob es ihm gelingen würde. Aber …

Ja, es klappte! Er konnte Andrews Gedanken spüren. Er würde in der Lage sein, all das Zeug zu finden, das Andrew infiziert hatte, auch ohne Andrews Hilfe.

DER PARK HAT GEÖFFNET!

JURASSIC WORLD:
DAS ULTIMATIVE KOMPENDIUM
49 €, gebundene Ausgabe,
ISBN 978-3-8332-4217-5

Ein breit gefächerter Überblick über das gesamte *Jurassic-World*-Franchise, einschließlich Spielzeug, Videospiele, Erlebnisunterhaltung und der erfolgreichen Animationsserie *Jurassic World: Neue Abenteuer*. Neben neuen Einblicken durch Kreativköpfe wie Colin Trevorrow und J.A. Bayona, sowie den Stars Bryce Dallas Howard und Chris Pratt, präsentiert dieser herrlich illustrierte Band seltenes und nie zuvor gezeigtes Bildmaterial, einschließlich Storyboards, Konzeptzeichnungen und einzigartiger Blicke hinter die Kulissen.

JETZT NEU IM BUCHHANDEL

www.paninibooks.de